北大版短期培训汉语教材

走进中国

原《走进中国》系列汉语教材全新修订版

刘元满 杨德峰 总策划

MEETING CHINA

Intermediate Spoken Chinese

中级汉语口语

王玉 刘立新 编著

北京大学出版社
PEKING UNIVERSITY PRESS

图书在版编目(CIP)数据

走进中国：中级汉语口语/王玉，刘立新编著. —北京：北京大学出版社，2011.10
（北大版短期培训汉语教材）
ISBN 978-7-301-19535-2

Ⅰ. 走… Ⅱ. ①王…②刘… Ⅲ. 汉语—口语—对外汉语教学—教材
Ⅳ. H195.4

中国版本图书馆 CIP 数据核字(2011)第 192731 号

书　　　名：走进中国：中级汉语口语
著作责任者：王　玉　刘立新　编著
责 任 编 辑：沈　岚
标 准 书 号：ISBN 978-7-301-19535-2
出 版 发 行：北京大学出版社
地　　　址：北京市海淀区成府路 205 号　100871
网　　　址：http://www.pup.cn
电 子 邮 箱：zpup@pup.cn
电　　　话：邮购部 62752015　发行部 62750672　出版部 62754962　编辑部 62767349
印　刷　者：天津和萱印刷有限公司
经　销　者：新华书店
787 毫米×1092 毫米　16 开本　10.5 印张　260 千字
2011 年 10 月第 1 版　2025 年 7 月第 4 次印刷
定　　　价：38.00 元

前　言

随着中国社会经济的深入发展，到中国学习汉语的学生人数日益增多，其中既有学习半年以上的长期学习者，也有学习四周、六周、八周不等的短期学习者，而后者人数在近年迅猛增长，大有与前者平分秋色之势。

目前供短期汉语学习者使用的教材虽然出版了不少，但总的来看，在数量、品种和质量上都不能很好地满足教学需要，主要问题是分技能教材之间缺乏必要的内在联系，常常是两套马车，各走各的，以致影响教学效率；另外教材容量和层级划分不能满足当前短期汉语教学课型安排、授课时数、学生现有水平与学习需求等方面灵活多样的特点。有鉴于此，我们编写了这套全新的《走进中国》系列教材。

一、编写背景

这套教材在 1997 年版《走进中国》（初级本、中级本、高级本）系列教材基础上全新编写而成。

原版《走进中国》系列教材为综合技能教材。由于内容和形式适应时代需求，面世后广受欢迎，并很快形成品牌，至今仍被广泛使用。但毕竟语言教材时代性强，需适时更新，以新的理念和研究成果充实教材内容，并体现时代风貌。

2008 年 3 月北京大学出版社与原版《走进中国》的作者就汉语短期班，特别是假期班的教学召开专题研讨会，就新的教学需求和教材编写理念进行了磋商。新版《走进中国》的编写工作自此拉开了序幕。除原版教材的部分作者外，新加入的编写人员也都来自北京大学对外汉语教学第一线。我们的目的是与时俱进，拓宽视野，在保持原版教材基本特色的基础上，打破原有框架，在新的教学理念指导下编写一套能够适应当前短期班特点的新教材。

二、内容与教学建议

本套教材共8册，分为综合课本和口语课本两个系列，每个系列中包括基础、初级、中级和高级四个层次，同一层次的综合课本和口语课本在词汇、语法、话题等方面互为补充。

每册教学时间约为40—60学时，可用于4—6周全日制短期班，也可用于非全日制但学时较长的学生。基于短期班学生学习时间集中，课外活动较多，预习复习时间不充裕等特点，我们进行了如下设计：

1. 课文：每册12课，每课建议授课4学时，一般为两次完成一课。综合系列基础和初级阶段课文为对话和语段；中高级阶段为语段。口语系列中级以下以情景为主线，功能融入其中，高级则场景与话题相结合。

2. 生词：综合系列基础级每课生词量平均为15个，高级为30个；口语系列相应减少5个左右。各册总词汇量逐级增加，从约300个到约700个。横向系列的生词重叠不超过1/3。选词依据主要为汉语水平词汇大纲，也适当参考了近年统计的高频词和短期学生的生活实际。课后的补充词语未计入其中，教师可根据实际情况灵活要求。

3. 语言点：综合系列语言点从1—2到4—5个；口语采用句式练习的方式呈现，每课控制在5个以内。全部语言点均配英文翻译。

4. 练习：生词、课文、语言点后配专项练习，最后是针对全课的综合练习。教师可指导学生通过专项练习掌握要点，通过综合练习巩固提高。练习形式多为任务型，突出交际性，数量略多于上课实际需要，教师可适当取舍。

三、主要特色

1. 系统性

综合教材与口语教材相辅相成，既自成系列，又相互配合。层级细分，可满足不同的教学需要，便于分班授课。相邻的两本教材无论是在生词数量上还是在课文长度上，都努力做到自然衔接，尽量不出现台阶，以方便学习者连续学习。

2. 针对性

话题的确定建立在问卷调查的基础上，所选话题都是学生急需的、感兴趣的。课文以对话为主，注重词语和语法的学习，体现短期学习的特殊需求。

3. 实用性

话题、词语、语法点都是最常见的，学习以后可以直接用于日常生活交际。生词、语法不求深入系统，务求简明实用。

4. 实践性

所选话题源于生活，所设情景贴近生活。课文编排以对话为主，突出实践性，尽量与现实生活接轨，以便学习者学以致用。

5. 趣味性

对话的编写、阅读语料的选取，除考虑生活性、知识性、广泛性、可读性外，也重视趣味性，对话尽量生动活泼，语料尽可能丰富多彩，以便激发学习者的兴趣。练习除强调交际性以外，还有一些趣味性和游戏性的内容，尽量做到实用有趣。

教材总体策划为刘元满、杨德峰。他们设计编写方案，制定编写体例，并协调各册编者密切配合。综合系列由杨德峰统稿，口语系列由刘元满统稿。

本套教材获北京大学主干基础课教材立项。刘元满负责进行申报教材立项工作，并拟定教师和学生使用情况调查问卷。在编写过程中，整个团队在愉悦、高效的气氛中互相协作，比较充分地实现了最初的设计。此外，王玉在多个项目中组织问卷调查，王文龙整理会议记录，统计问卷结果。在教材试用过程中，他们联系打印社，保证了教学的正常使用。他们所做的工作琐碎繁杂而至关重要。

另外，在教材设计、编写及出版过程中，北京大学出版社沈浦娜主任和宋立文、孙娴、沈岚、贾鸿杰等编辑多次参与研讨，提出不少宝贵意见，本册英文翻译由高岩、罗晓光承担，英文审订为黄红宇（美国西点军校）在此一并致谢。

本套教材2009年6月起在北京大学春季班和暑期班试用多次，根据师生反馈调整修改之后又在春季班和暑期班试用了两轮。经过反复打磨，现在终于付梓了。希望本套教材的出版为教师在教学时提供一个选择的机会。教材编写是一个系统工程，尽管我们倾注了大量的心血，但仍有遗憾和惋惜，不尽如人意之处还希望使用者多提宝贵意见，以便将来修订、完善，使之更趋成熟。

编　者

Preface

As China's economic development continues to progress on such an impressive scale, the number of students who have developed an interest in studying the Chinese language has also gradually increased. These students include those who remain for six months or longer to partake in the long-term Chinese language programs, as well as short-term students who attend the courses for four, six, or even eight weeks. In recent years we have witnessed a rapid increase for those in the latter category.

At present, teaching materials for those enrolled in the short-term Chinese language program remain abundant. However, the number, variety and quality of these materials are not sufficient in maximizing the learning potential of the students. Of greatest concern is the lack of consistency between the materials used to teach various language skills; oftentimes, there is a vast difference between what various teachers define as the most effective means of education. This has greatly impacted the degree of efficiency when teaching. Furthermore, the amount of content within the materials and the level of difficulty of the short-term Chinese language program have not adequately accommodated for factors prone to variation, such as the in-class arrangements, teaching hours, current level of the students and their learning needs. In view of this, we have compiled a brand new collection of teaching materials, the "Meeting China" series.

Ⅰ. Background to the Creation of "Meeting China"

In 1997, the foundations for the materials of the "Meeting China" series (catering for elementary, intermediate and advanced levels) were compiled and established.

This original "Meeting China" series aimed to teach comprehensive language skills. As a result of the demands of the time, the series gained such immense popularity it became renowned in the world of education, and is still widely used today. However, the nature of language education is one that forever progresses; there is a constant need to update materials and enrich course content according to new ideas and research results, as well as the defining characteristics of the time.

In March 2008, Peking University Press and the author of the original "Meeting China" held a symposium regarding the short-term Chinese language program courses, with a particular focus on the holiday courses. Consultations about the new teaching requirements and ideas for teaching materials were also made. These meetings were to serve as the prelude to preparing the new edition of "Meeting China" . Aside from the author of the preserved portion of the original materials, those who wrote the new materials are at the forefront of the School of Chinese as a Second Language at Peking University. Our aim is to advance with the times and broaden our horizons, while simultaneously preserving the remarkable foundations as established by the original teaching materials. In this way, we will transcend the original framework, following a new teaching philosophy to successfully compile a revolutionary set of teaching materials that adapt to the uniqueness of the current short-term language classes.

Ⅱ. Content and Suggestions for Teaching

This set of teaching materials is comprised of a total of 8 volumes divided into two series of Comprehensive Chinese and Spoken Chinese books. Every series includes basic, elementary, intermediate and advanced levels; identical levels of comprehensive Chinese and spoken Chinese have complementary content in terms of vocabulary, grammar, topics etc.

Every book requires approximately 40–60 in-class teaching hours; this is suitable for teaching those in the full-time short-term courses, as well as those in courses of longer duration. Based on such factors as the number of learning hours required by the short-term language course students, the greater number of hours dedicated to extra-curricular activities, and insufficient time allocated to previewing and reviewing class material, we recommend the following lesson plan:

1. Texts: Every book contains 12 lessons; we suggest that each lesson is taught within 4 class hours so that one lesson is completed every two classes. The basic and elementary stages of the Comprehensive Chinese series focus on dialogue and discourse, while the intermediate and advanced stages simply focus on discourse. Intermediate stages and below in the Spoken Chinese series include the importance of context and functional integration; the texts of advanced stages also include a combination of topics and situations.

2. Vocabulary: Basic level books of the Comprehensive Chinese series contain an equal number of 15 new vocabulary items in each lesson, while advanced level books contain 30 in each lesson. Books of the corresponding levels in the Spoken Chinese series have approximately 5 less new vocabulary items. Generally speaking, every book will see the students increasing their vocabulary by approximately 300 to 700 words. The number of overlapping vocabulary items between each successive level does not exceed one third. The vocabulary items were chosen based mainly on the Outline of Chinese Vocabulary and Chinese Characters Level; this selection was also based on recent statistics which revealed the words most frequently used by short-term language program students in their daily lives. If there are new items that are not explained in the text, the teacher is free to adapt to the demands of the situation and supplement the lesson.

3. Grammar points: The Comprehensive Chinese series contain 1–2 to 4–5 grammar points each lesson. Those in the Spoken Chinese series are presented via practising sentence formation, where every lesson includes at most 5 points. All grammar points are accompanied by an English translation.

4. Practice: The new vocabulary items, texts, grammar points of each lesson are followed by suitable exercises and concluded with comprehensive practice exercises that reinforce the content that was taught. Through these practice exercises, teachers can highlight which aspects to master; comprehensive practice exercises will further consolidate the increased proficiency of the students. Forms of practice are mainly task-based, highlighting the importance of communication in situations beyond the classroom context. The appropriateness of these activities may be determined by the teacher.

Ⅲ. The Main Features

1. Systematic

Comprehensive Chinese and Spoken Chinese books are complementary. Not only can each be taught in a series, but also collaboratively. Levels and subdivisions satisfy the needs of different teaching styles and make separating classes easier. In regards to the teaching materials, whether it is the amount of new vocabulary words or the length of the texts, it is possible to achieve a natural integration into daily life, ensuring students do not try to avoid studying and facilitating continuous learning.

2. Targeted

Topics will be determined by the results of a questionnaire, selected based on the students' needs and interests. Text and dialogue are top priority. They focus on vocabulary and grammar, reflecting the special demands of short-term learning.

3. Functionality

Topics, vocabulary words, and grammar points are most commonly discussed in class and can be used for everyday communication. It is important to know the clear and concise function of the vocabulary words and grammar patterns rather than have a deep and thorough categorization.

4. Put into practice

Selected topics and situations come from real life scenarios. The text layout is based on dialogues that highlight the practicality of the text and integrate with real life, so students apply what they have learned.

5. Interesting

In addition to the dialogues written in the teaching materials, the selection of written materials, and the considerations of life, knowledge, breadth, and readability, we have made an effort to incorporate fun and lively conversations into the learning materials, making the texts as rich and varied as possible, in order to stimulate the students' interest. In addition to emphasizing communicative practice, there are a number of interesting games, so learning the materials will be as interesting as possible.

Liu Yuanman and Yang Defeng made the overall design for the teaching materials. They write programs designed to develop new writing styles and formats and coordinate closely with the compilers. Yang Defeng drafted the comprehensive series while Liu Yuanman drafted the spoken series.

Our textbooks have been a part of Peking University's arsenal for generalized subject courses. Liu Yuanman is responsible for setting up the project regarding the teaching materials, and for formulating the condition of service questionnaire for teachers and students. During the preparation process, the entire team worked in a pleasant and efficient atmosphere, collaborating with each other to achieve their original design. In addition, Wang Yu organized several survey projects while Wang Wenlong organized notes from their meetings, calculated the results of the questionnaires. During the textbooks' trial process, they contacted the printing company to ensure normal usage of the teaching materials. Their work is tedious, complex, and essential to the production of this textbook.

In addition, I would like to thank the director of Peking University Press Shen Puna, and Song Liwen, Sun Xian, Shen Lan, Jia Hongjie, and other editors who, during the designing, writing and publishing process, participated in discussions, and made many valuable suggestions. I would also like to thank Gao Yan and Luo Xiaoguang, who translated this volumn. My sincere thanks is extended to Huang Hongyu (The United States Military Academy at West Point), who revised the English translation.

From June 2009, Peking University used this set of materials on a trial basis during the spring, summer quarters several times. After adjusting and modifying the material according to professors' and students' feedback, this set of materials was used twice more during the summer and spring quarters. After a year of polishing the material, it is finally ready for publication. We hope that the publication of this set of materials will provide the educators a choice in teaching materials. Writing textbooks is a systematic process. Even though we put in a lot of hard work, we still have regrets. We gladly welcome suggestions from anyone using the series, so we may make improvements and perfect the materials.

Compilers

目　　录
Contents

第一课 自我 介绍 一下儿 吧
Dì yī kè Zìwǒ jièshào yíxiàr ba

热身话题
WARMING-UP EXERCISE

1. 在你们国家，第一次见面一般都说些什么？
2. 最近你认识了什么新朋友？怎么认识的？

词语
VOCABULARY

课文 1

1. 自我介绍	zìwǒ jièshào		to introduce oneself
2. 约	yuē	动	make an appointment; arrange ～人/～朋友吃饭
3. 不好意思	bù hǎoyìsi		I'm sorry
4. 路上	lùshang	名	on the way 在～/～有很多人

5. 堵车	dǔ chē		traffic jam
			路上～/堵一小时车/你家在的城市经常～吗？
6. 抱歉	bàoqiàn	形	be sorry; regret
			实在～/非常～
7. 毕业	bì yè		to graduate
			明年七月～/你什么时候大学～？
8. 拿手	náshǒu	形	be good at
			我最～的是打篮球，你呢？
9. 吵	chǎo	形	noisy
			房间里很～/～死了/你住的地方～不～？
10. 咖啡馆	kāfēiguǎn		cafe
			一家～
11. 聊	liáo	动	chat
			～得很高兴/～了三个小时

课文 2

12. 进修	jìnxiū	动	engage in advanced studies
			来中国～汉语
13. 各位	gèwèi	名	everybody
			～好！/～老师/～同学
14. 差	chà	动	differ from
			～得很多/～得远
15. 博士	bóshì	名	Doctor; Ph.D

16. 老板	lǎobǎn	名	boss; proprietor
17. 开玩笑	kāi wánxiào		make fun of 别 ~/ 开小王的玩笑/ 你喜欢跟朋友 ~ 吗?
18. 名片	míngpiàn	名	name card 一张~
19. 总经理	zǒngjīnglǐ		general manager
20. ~迷	~mí	名	fan 篮球~/电影~/你是球~ 吗?
21. 周末	zhōumò	名	weekend
22. 切磋	qiēcuō	动	learn from each other by exchanging views 一起~/~ 功夫
23. 手机	shǒujī	名	cellphone 打~/一部~

生词检查 CHECK NEW WORDS

选词填空

约	不好意思	堵车	毕业	拿手

1. 真（　　　），我来晚了。
2. 我大学（　　　）以后马上就工作了。

3. 我们（　　　）好了三点见面。
4. 小王做中国菜最（　　　）。
5. 今天下雪，路上（　　　），很多人都迟到了。

进修	差	老板	开玩笑	周末

6. 今天星期五，明天是（　　　），不上班。
7. 我的作业没写完，还（　　　）很多呢。
8. 毕业后，他开了个公司，自己做（　　　）了。
9. 不是真的，我跟你（　　　）呢。
10. 我要去那所大学（　　　）三个月。

课文 TEXT

一

情节：山口和刘明第一次见面，他们约好在校门口见，但是山口来晚了，他给刘明打电话。

山　口：（电话）喂，你好，是刘明吗？
刘　明：（电话）是我，您是……？
山　口：（电话）我是山口，不好意思，我现在还在路上，有点儿堵车，可能要晚到一会儿。
刘　明：（电话）没关系，别着急，我就在校门口等你。

1. 山口为什么晚到？

情节：山口到了校门口。

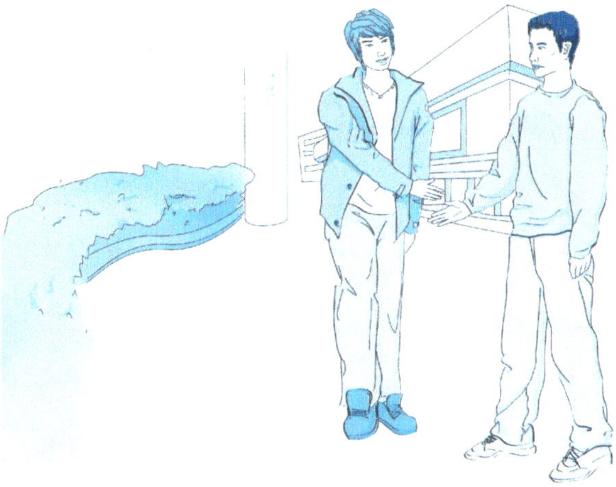

山　口：你好，请问你是刘明吗？
刘　明：对，你是山口吧。
山　口：真抱歉，第一次见面就来晚了。
刘　明：没事儿，我也刚到。
山　口：你是汉语学院的吧，我是刚来的留学生。
刘　明：你的发音挺不错的。我今年夏天毕业，最近没什么事儿，正在学

2. 请介绍一下刘明。
3. 请介绍一下山口。

4. 见面后他们打算去哪儿?

日语。听朋友说你想找一个语伴，我们可以互相帮助。

山　口：没问题！我在日本的时候专业就是日语教育，这方面我最拿手。

刘　明：那太好了！这样吧，这里太吵了，咱们找个咖啡馆坐着聊吧。

二

情节：王之峰带着麦克去见朋友周小同和赵安。

1. 请你介绍一下麦克。

周小同：之峰，介绍一下啊，这位是……

麦　克：我还是自我介绍一下吧。我叫麦克·希尔，你们叫我麦克或者小麦都行。我是去年开始来这儿进修的，认识各位非常高兴。

赵　安：你中文说得真好！

麦　克：哪里哪里，还差得远呢。

王之峰：麦克，我也给你介绍一下吧，这位是周小同，这位是赵安，都是我的好朋友。小同正在法律系读博士，赵安开了自己的公司，是个大老板呢。

赵　安：别开我玩笑了，只是个新开的小公司，一共还不到十个人。麦克，这是我的名片，有空儿多联系。

麦　克：（看名片）总经理呀……了不起！

王之峰：对了，麦克，小同是个篮球迷，每周末都要打几场，你不是也对篮球感兴趣吗？有空儿你们切磋切磋。

周小同：好啊，我们正需要人呢。麦克，你要是有时间的话，周末我们一起玩儿吧。

麦　克：没问题，那你给我留个电话吧。

周小同：你手机号多少？我现在就打给你。

2. 赵安做什么工作？他的公司怎么样？

3. 周小同有什么爱好？

句式练习 SENTENCE PATTERN EXERCISES

1. 这样吧，……

（used to introduce a suggestion or decision） Well, ...; I suggest ...; How about this, ...

■ 用在句子最前面，后面接说话人的决定或建议。
Used at the forefront of a sentence and followed by a decision or a suggestion made by the speaker.

这样吧，校门口太吵了，我们找个咖啡馆坐着聊吧。

(1) A：你看明天我们在哪儿见面？
B：这样吧，你来我家好了。

(2) A：能不能再便宜一点儿？
B：这样吧，我给你打七折。

(3) A：我听不懂他说的话，怎么办？
B：这样吧，我去找一个懂英文的人来。

练一练 PATTERN EXERCISES

两个人用“这样吧，……”对话

(1) 约会不能来了
→ A：对不起，我有事，今天不能来了。
B：这样吧，我们改在明天。

(2) 周末没有事儿

(3) 晚饭没有吃饱

(4) 课本没带

(5) 不知道去哪儿玩

你自己的对话：A:

B:

2.（对……） 感兴趣 / 不感兴趣

be interested（in...）/ be not interested（in...）

■ 喜好或关注某种事物。喜好的事物放在“感兴趣”的前面。
Be keen on something or follow something with interest. The object of interest is placed before “感兴趣”.

你不是也对篮球感兴趣吗？

（1）我对中国电影很感兴趣。

（2）这种事情我不太感兴趣。

（3）对他们玩的那个游戏，我完全不感兴趣。

练一练 PATTERN EXERCISES

下面这些东西，你感兴趣吗？用“（对……） 感兴趣 / 不感兴趣”来说一说

（1）买衣服→我对买衣服不感兴趣。

（2）看电影

（3）唱卡拉 OK

（4）旅游

（5）中国菜

你自己的句子：

3. 要是……（的话），……

if; suppose; in case

- 表示假设；如果。后面可以是小句，也可以是单个词语。“的话”也可以不要。
An indicator of hypothesis; if. It can be followed by either a clause or a word. “的话” can be omitted.

麦克，你要是有时间的话，周末我们一起玩儿吧。

(1) 要是没时间的话，我们就不见了。

(2) 要是大家都同意，那我们就开始吧。

(3) 你要是能见到小王，就帮我问问他。

练一练 PATTERN EXERCISES

用“要是……（的话），……”和给出的词完成句子。

(1) 下雨　　改时间→要是下雨的话，我们就改个时间。

(2) 感冒　　医院

(3) 少花钱　　公共汽车

(4) 去商店　　帮

(5) 忙　　别过来

你自己的句子：

边记边说 WRITE AND SPEAK

3~4 人一组，互相自我介绍，把每个人的情况记在下面。然后每组请一位同学向大家介绍同组的其他同学。

姓名	情况（如从哪儿来，有什么爱好，为什么学汉语等等）

分组讨论 GROUP DISCUSSION

1. 如果你要找一个语伴，你想找什么样的？

2. 如果认识一个新朋友，你最想了解他什么？

对话练习 CONVERSATION PRACTICE

请两个人或三个人一组表演下面的对话

1. A 给 B 打电话，很想约 B 见面，但是 B 不想见他……

请用下面这些词语：

抱歉　不好意思　可能　没事儿　这样吧　感兴趣

要是……的话

2. A 和 B 是朋友，和 C 也是朋友。今天，A 介绍 B 和 C 认识。请用下面这些词语：

自我介绍　开玩笑　切磋　手机号　咖啡馆　聊　感兴趣
要是……的话

成段表达 EXPRESSION IN PARAGRAPHS

1. 介绍一个你觉得很有意思的朋友。

2. 说说你最近的学习计划。

自我总结 SELF SUMMARY

请找出这一课里你觉得最有用的 5 个句子：

1.

2.

3.

4.

5.

第二课　请问 您 这儿 有 牛奶 吗?

Dì èr kè　Qǐngwèn nín zhèr yǒu niúnǎi ma?

热身话题

WARMING-UP EXERCISE

1. 你现在需要买什么东西?
2. 在中国买东西你有什么困难?

词语

VOCABULARY

课文 1

1. 超市	chāoshì	名	supermarket
			一家~
2. 导购	dǎogòu	名	shop assistant
3. 排	pái	名	row
			第二~/ 前一~
4. 差不多	chàbuduō		about the same; similar
			价钱~/ 个子~/ 中国什么地方

			和你们国家~?
5. 价钱	jiàqián	名	price
			~便宜 / 不知道什么~
6. 特价	tèjià	动	be on sale
			今天牛奶~。/ 在你们国家，什么东西经常~?
7. 促销	cùxiāo	动	sales promotion
			正在~/ 特价~
8. 放心	fàng xīn		rest assured
			请~/ 我对你很~。/ 你的父母对你~吗?
9. 质量	zhìliàng	名	quality
			~很好 /~ 比较差
10. 收银台	shōuyíntái	名	checkout counter

课文 2

11. 租	zū	动	hire; rent
			~房子 /~ 汽车 / 什么东西是可以~的?
12. 中介	zhōngjiè	名	agent
			~公司 / 房屋~
13. 小区	xiǎoqū	名	residential district
14. 合(住)	hé(zhù)	动	to share
			和朋友~住 /~ 住一套房子
15. * 顺便	shùnbiàn	副	in passing

			～去趟书店 / 去上海出差～看看小李
16. 有线电视	yǒuxiàn diànshì		Cable TV
17. 网络	wǎngluò	名	network
18. 地铁	dìtiě	名	the subway; underground
19. 交通	jiāotōng	名	traffic
			～方便 / 你住的地方～怎么样？
20. 尽量	jǐnliàng	副	to the best of one's ability
			我～帮你 /～不要迟到
21. 尽早	jǐnzǎo	副	as early as possible
			～来 /～告诉我 / 明天你想什么时候去学校？
22. 超过	chāoguò	动	exceed; overrun
			身高～两米 / 他的成绩～了我 / 你有没有什么～了你的爸爸妈妈？

注释

1. 一居 / 两居 / 三居	yījū/liǎngjū/sānjū	one-bedroom/two-bedroom/three-bedroom
2. 买二送一	mǎi èr sòng yī	buy two and get one free

生词检查 CHECK NEW WORDS

选词填空

差不多	特价	价钱	放心	质量

这种手机和那种样子（　　　　），（　　　　）也不贵，而且现在正在（　　　　），只要580块。（　　　　）方面您可以（　　　　），我们卖了这么多，没有一个有问题的。

租	交通	尽量	尽早	超过

1. 她的汉语水平已经（　　　　）了我。
2. 这件事儿请（　　　　）告诉小王，不要等到明天。
3. 这里的（　　　　）非常差，经常堵车。
4. 我想在这里（　　　　）一间房子。
5. 我的钱也不多，不过我会（　　　　）帮助他。

课文 TEXT

一

情节：金美子想在超市买牛奶，但是没找到，就问导购。

1. 牛奶在哪儿？

金美子：您好，请问您这儿有牛奶吗？

导　购：在后面第二排……我带您去吧。

情节：到了放牛奶的地方。

金美子：这两种样子看起来差不多，怎么价钱差这么多？

导　购：这种是新产品，没有那种有名，正在特价促销。您放心，质量是一样的。

金美子：从哪儿看生产日期？

导　购：在这儿，您看，都是新出的，还能买二送一。

金美子：那真不错，不过，我喝不了那么多，一盒就行了。在哪儿交钱？

导　购：下楼右边就是收银台。

金美子：好。对了，再问您一下，您知道这附近哪儿有卖手机的吗？

导　购：我们店对面就有个手机店，不过这么晚，应该已经关门了。

金美子：那可糟糕了！他们明天几点开门？

2. 两种牛奶价钱一样吗？为什么？

3. 特价的牛奶质量怎么样？

4. 应该去哪儿交钱？

5. 美子应该去哪里买手机？

导　购：一般是八九点，您要是着急的话，可以去东面的大华商场看看，那里应该有。

金美子：太谢谢您了！

二

情节：山口想租房子，去了一家房屋中介公司。

1. 山口想租什么样的房子？

公司的人：您好，您想租房子吗？

山口：对，我想在对面的小区租一个房间。

公司：您是想要一居的，还是两居三居中的一间？

山口：最好能跟中国人合住，我想顺便练练口语。

公司：还有别的要求吗？

山口：我希望洗澡方便，能看有线电视，有网络。对了，除了这些以外，房间最好朝南。

公司：请等一会儿，我查一下……对面小区现在好像没有这样的房间，别的小区行吗？

山口：我觉得这里有地铁，交通比较方便。所以尽量还是在附近吧。

公司：那您看这样行不行：您留个电话，我们再问问，不管有没有，两天之内我们都会告诉您结果。

山口：好吧，有消息请尽早通知我。

公司：您放心，最晚不超过明天中午。

2. 山口为什么想在这个小区租房子？

3. 山口租到了房子吗？怎么办？

句式练习 SENTENCE PATTERN EXERCISES

1. 看起来

appear; look; seem

■ 表示说话人根据外表、表面情况或者谈话内容做出推测，后面是推测的内容。跟"看来""看上去"意思差不多。

Judging from appearance, surface condition or content of the conversation, the speaker uses "看起来" to indicate speculation. Followed by the content of speculation, it is similar to "看来" and "看上去" in meaning.

这两种样子看起来差不多，怎么价钱差这么多？

(1) 这件衣服看起来质量很好。

(2) 他看起来最少有三十岁。

(3) 这些题目看起来很容易，实际做起来却非常难。

练一练 PATTERN EXERCISES

用下面这些词语和"看起来"说一个句子

(1) 手机　漂亮→这个手机看起来挺漂亮。

(2) 老师　年轻

(3) 水果　不新鲜

(4) 商店

(5) 小王

你自己的句子：

2. V 不了（liǎo）/V 得了（liǎo）

used to express a potential

■ 可能补语，用在动词后面，表示可能性。有时有"V 不完""V 不掉"的意思（如前两个例子），有时则表示条件是否允许实现（如第三个例子）。

Potential complements, used after a verb to indicate possibility. In some cases "V 不了" has the same meaning as "V 不完" or "V 不掉" (can't complete doing something) (like the first two examples), while in other cases it indicates whether a certain result can be realized or not (like the third example).

我喝不了那么多，一盒就行了。

(1) 菜太多了，真的吃不了。

(2) 她的样子我永远也忘不了。

(3) 还有一个小时，你来得了吗？

练一练 PATTERN EXERCISES

用"V不了/V得了"和后面的动词完成句子

(1) 这么多水果，我一个人肯定吃不了＿＿＿＿＿＿＿＿＿＿。（吃）

(2) 电视机坏了，＿＿＿＿＿＿＿＿＿＿＿＿＿＿＿＿＿＿＿＿。（看）

(3) 电脑出了问题，＿＿＿＿＿＿＿＿＿＿＿＿＿＿＿＿＿＿＿。（用）

(4) 这件事我记得，＿＿＿＿＿＿＿＿＿＿＿＿＿＿＿＿＿＿＿。（忘）

(5) 车站很远，三点以前＿＿＿＿＿＿＿＿＿＿＿＿＿＿＿＿＿。（到）

你自己的句子：

3. 顺便

（do sth.） in addition to what one is doing, without much extra effort; conveniently; on the way

■ 趁着做某事时做另外一件事儿。一般放在说第二件事前。
"顺便" indicates while doing one thing, take the opportunity to do something else. Generally it is placed before the second thing to do.

最好能跟中国人合住，我想顺便练练口语。

(1) 我去医院，顺便去旁边的商店买点东西。

(2) 你出去的时候顺便关一下门。

(3) 你和小王见面的时候顺便帮我把这个给他。

练一练 PATTERN EXERCISES

用下面这些词和"顺便"说一句话

(1) 去书店　　去银行 → 你去书店的时候，可以顺便去银行取一下钱。

(2) 参加晚会　　练习汉语
(3) 去上海旅游　见朋友
(4) 见到小张　　帮我谢谢他
(5) 吃点东西　　休息一下

你自己的句子：

边记边说 WRITE AND SPEAK

问问你的朋友，下面这些东西去哪里买最合适，为什么？并在课堂上向大家报告。

	在哪儿买	原因
1. 便宜的衣服		
2. 最新的手机		
3. 汉语课本		
4. 笔记本电脑		
5. 自行车		
6. 水果		

分组讨论

GROUP DISCUSSION

讨论中，请尽量使用这节课学过的生词和句式

1. 你喜欢在什么地方买东西？为什么？

2. 你觉得在中国买东西有哪些优点和缺点？

3. 你到中国，是希望租房住呢，还是希望住在宾馆或宿舍？为什么？

4. 你现在住在哪儿，那个地方怎么样？

对话练习

CONVERSATION PRACTICE

请分组分角色表演下面的对话

1. A 去超市买东西，但是不知道买什么样的合适，于是问导购 B……

可以使用的词语：

导购　差不多　价钱　特价　看起来　放心

质量　收银台　V 不了　要是……的话

2. A 打算租一个房间，今天房子的主人 B 带他去看房子……

可以使用的词语：

对面　租　小区　合住　有线电视　网络　朝～

交通　尽量　尽早　要是……的话

成段表达
EXPRESSION IN PARAGRAPHS

1. 一次买东西的事儿。
要求：可以是你自己的事儿，也可以是朋友的事儿。

2. 我最理想的房子。
要求：说明房子是什么样的，还有房子附近是什么样的。

自我总结
SELF SUMMARY

请找出这一课里你觉得最有用的 5 个句子。

1.

2.

3.

4.

5.

第三课 我 吃 什么 都 行
Dì sān kè Wǒ chī shénme dōu xíng

热身话题
WARMING-UP EXERCISE

1. 你喜欢吃哪国菜？这种菜有什么特点？
2. 你最近去过什么中国饭店？觉得怎么样？

词语
VOCABULARY

课文 1

1. 特色	tèsè	名	peculiarity; unique feature
			中国～/很有～/～菜/什么中国菜比较有～？
2. 提前	tíqián	动	in advance
			～准备好/～一个小时/你每天～来教室吗？
3. 订	dìng	动	reserve; book
			～座位/～机票/在你们国家，一般怎么～机票？

4. 来不及	láibují		there's no time; it's too late 时间～了/～去
5. * 没想到	méi xiǎngdào		did not expect
6. * 要不	yàobù	连	or; or else
7. 快餐	kuàicān	名	fast food
8. 火	huǒ	形	hot 这家饭店非常～。/ 这首歌很～。
9. 装饰	zhuāngshì	动	ornament; decorate ～得很漂亮
10. 酒吧	jiǔbā	名	bar 一间～/ 一家～
11. 正宗	zhèngzōng	形	authentic ～的北京烤鸭 / 味道非常～/ 你们国家的中国菜～吗？

课文 2

12. 光临	guānglín	动	visit; patronize 欢迎～
13. 菜单	càidān	名	menu 一份～
14. 壶	hú	量	pot 一～茶 / 一～开水

15. 火锅	huǒguō	名	hot pot
16. 炒菜	chǎocài	名	stir-fried food 一份～/一盘～
17. 辣	là	形	peppery; hot 菜很～/～死了/你喜不喜欢吃～的东西？
18. * 要命	yào mìng		perishing; awfully; terribly
19. 另外	lìngwài	连	in addition; additionally
20. 辣椒	làjiāo	名	chili
21. 替	tì	介	for; on behalf of ～我洗衣服/～我向他道歉
22. 推荐	tuījiàn	动	recommend ～信/向大家～一家饭店/你～你的朋友中午吃什么？

专有名词

1. 全聚德	Quánjùdé	Quanjude Restaurant
2. 北京烤鸭	Běijīng kǎoyā	Beijing Roast Duck
3. 肯德基	Kěndéjī	KFC（Kentucky Fried Chicken）
4. 四川	Sìchuān	Sichuan（Province）
5. 菊花茶	júhuāchá	chrysanthemum tea
6. 川菜	Chuāncài	Sichuan dishes
7. 水煮鱼	shuǐzhǔyú	boiled fish

生词检查

CHECK NEW WORDS

选词填空

特色	提前	来不及	正宗

1. 这家店有一百多年历史，烤鸭最（　　　　）了。
2. 他家墙上挂了很多中国画，很有中国（　　　　）。
3. 你什么时候来我家，（　　　　）一天告诉我。
4. 现在是晚上9点，太晚了，去超市肯定（　　　　）了。

辣	另外	替	推荐

5. 这个菜太（　　　　）了，我吃不了。
6. 我给你（　　　　）个咖啡馆吧，咖啡特别好喝。
7. 你见到小张的时候，（　　　　）我好好儿谢谢他。
8. 来一杯可乐，（　　　　）再要一个薯条。

课文

TEXT

一

情节：王之峰、麦克、欧文商量去哪儿吃饭。

1. 王之峰开始想去什么地方吃饭？为什么？

麦　克：忙了半天，饿了吧？你们想吃点什么？

欧　文：我吃什么都行。

王之峰：那吃点儿有地方特色的。咱们去全聚德吃北京烤鸭吧。

麦　克：那儿要提前打电话订，现在来不及了，上次我们也是这个时候去的，没想到都坐满了，结果等了一个多小时。

欧　文：别那么麻烦，我看那边有个肯德基，要不咱们就去吃肯德基？

麦　克：我不爱吃快餐。学校周围就有不少好饭馆，各种味道的都有。

王之峰：那也行，东门有一家四川菜馆现在特别火，旁边还有家装饰得很漂亮的酒吧，吃完饭咱们还可以去酒吧喝两杯。

麦　克：我知道你说的那家饭店，确实不错，连我的四川朋友都说它正宗。

2. 麦克同意王之峰的建议吗？为什么？

3. 最后他们决定去什么地方？为什么？

二

情节：在饭店。

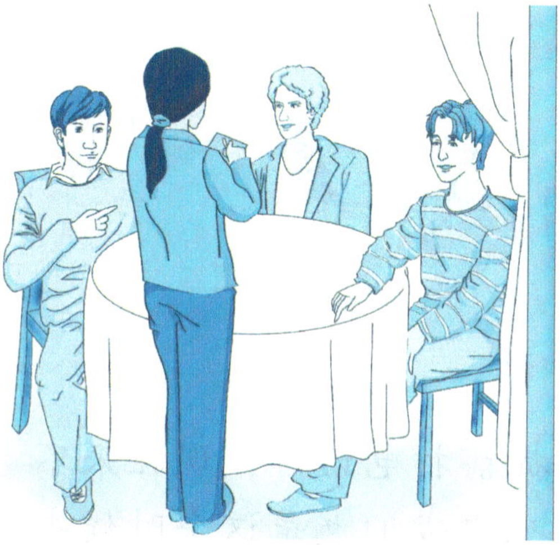

1. 他们最先点的是什么？

2. 欧文有什么不能吃的？

服务员：欢迎光临，请问您一共几位？

麦　克：三个人。

服务员：请这边坐……请问三位吃点儿什么？

麦　克：我们看看菜单，先上一壶菊花茶吧。

服务员：好的。

王之峰：吃火锅还是吃炒菜？这儿的炒菜也不错。

欧　文：听说川菜都辣得要命，我不能吃辣的。

王之峰：没事儿，川菜也有不辣的，另外，也可以跟他们说别放那么多辣椒。

麦　克：那还是吃炒菜吧，这儿的火锅有点辣。

王之峰：行，要不咱们一人点一个？

欧　文：我没吃过，也不懂，你们替我点吧。

麦　克：（对服务员说）你们这儿有什么特色菜，能推荐一下儿吗？

服务员：我们这儿的特色菜是水煮鱼，您要是不太能吃辣的，我们可以少放些辣椒。

麦　克：这个菜上得快吗？我们吃完饭还有事呢。

服务员：您放心，一会儿就好。

麦　克：好，那就它了。剩下两个菜之峰点吧。

3. 他们决定吃炒菜还是火锅？为什么？

4. 这次谁点菜？

句式练习 SENTENCE PATTERN EXERCISES

1. 没想到

unexpectedly; never expected

■ 表示意料之外。宾语可以是没想到的事情，也可以不加宾语。

"没想到" indicates contrary to expectation. It can be followed by things contrary to expectation or stand alone.

上次我们也是这个时候去的，没想到都坐满了。

(1) 我们都没想到他会来。

(2) 我以为他很老了，没想到他才 40 多岁。

(3) 这件事大家都没想到。

练一练 PATTERN EXERCISES

用“没想到”完成句子

(1) 我以为去的人不多，没想到教室里都坐满了　　　　　　　　　。

(2) 我以为他们俩一定会分手，　　　　　　　　　　　　　　　　。

(3) 今天上午是晴天，　　　　　　　　　　　　　　　　　　　　。

(4) 这次考试我一点儿也没准备，　　　　　　　　　　　　　　　。

(5) 他看起来身体很好，　　　　　　　　　　　　　　　　　　　。

你自己的句子：

2. 要不……

(used to offer advice) How about...?

■ 用疑问的语气提供选择和建议，相当于“……怎么样？”，一般用在句首。

Providing options and suggestions in the form of a question, equivalent to “……怎么样？”, generally used at the beginning of a sentence.

要不咱们就去吃肯德基？

(1) 我一个人去不行，要不你跟我一起去？

(2) 太累了，要不我们休息一会儿？

(3) 你不能吃辣的呀，那要不咱们去吃日本菜？

练一练 PATTERN EXERCISES

用“要不……”完成对话

(1) A：我不想看电影，也不想出去太远，你说咱们还可以做什么？

B：要不咱们去酒吧坐坐吧　　　　　　　　　　　　　　　　。

(2) A：今天太晚了，可能来不及了。

B：

(3) A：我身体很不舒服。

B：

(4) A：我的电脑坏了，可我不会修。

B：

(5) A：这里太吵了，说话都听不清楚。

B：

你自己的对话：A：

B：

3. adj.得要命

extremely; awfully; terribly

■ 表示程度高到极点。

Indicator of an extreme degree of the condition named by the adjective.

听说川菜都辣得要命。

(1) 我跑了一天，累得要命。

(2) 这个菜难吃得要命。

(3) 最近我忙得要命。

练一练 PATTERN EXERCISES

用下面的词和“adj.得要命”说一句话

(1) 饿→我今天一天都没吃饭，饿得要命。
(2) 冷
(3) 着急
(4) 他的身体
(5) 这次的考试

你自己的句子：

边记边说 WRITE AND SPEAK

你喜欢去下面这些地方吗？说说为什么。

	喜欢 / 不喜欢	原因
酒吧		
咖啡馆		
快餐店		
中餐馆		
食堂		

分组讨论 GROUP DISCUSSION

讨论中，请尽量使用这节课学过的生词和句式

1. 你觉得中国菜和你们国家的菜有什么不一样？

2. 你最喜欢吃什么中国菜？为什么？

3. 如果你的中国朋友到你们国家，你会推荐他去吃什么特色菜？为什么？

对话练习 CONVERSATION PRACTICE

请分组分角色表演下面的对话

1. A 想请朋友吃饭，打一家饭店 B 的电话问一问情况并订一个包间。

可以用到的词语：

特色　炒菜　火锅　辣　正宗　订　来不及　要不……？

2. A 和朋友 B 去吃饭，A 来点菜，服务员是 C。

请用课文 2 的话，还有下面的词语：

推荐菜　辣　辣椒　上　茶　没想到　要是　替

成段表达 EXPRESSION IN PARAGRAPHS

1. 请向大家推荐一家饭店或酒吧或咖啡馆，并说明理由。
内容可以包括：
(1) 在哪儿
(2) 有什么特点
(3) 去那儿要注意什么

2. 请向大家推荐一个菜或一种食物（shíwù，food），并说明理由。
内容可以包括：
(1) 是什么菜或食物，有什么特点
(2) 推荐理由
(3) 哪儿可以吃到或者买到

自我总结 SELF SUMMARY

请找出这一课里你觉得最有用的5个句子。

1.

2.

3.

4.

5.

小知识 TIPS

常见中国菜中英文对照：

凉拌黄瓜	liáng bàn huángguā	Cucumber in Sauce
糖拌西红柿	táng bàn xīhóngshì	Tomato Slices with Sugar
桂花糯米藕	guìhuā nuòmǐ ǒu	Steamed Lotus Root Stuffed with Sweet Sticky Rice
炸花生米	zhá huāshēngmǐ	Fried Peanuts
酱牛肉	jiàng niúròu	Beef Seasoned with Soy Sauce
白切鸡	bái qiē jī	Boiled Chicken with Sauce
家常豆腐	jiācháng dòufu	Fried Tofu, Home Style
麻婆豆腐	mápó dòufu	Mapo Tofu（Stir-fried Tofu in Hot Sauce）
砂锅豆腐	shāguō dòufu	Bean Curd in Casserole
香菇菜心	xiānggū càixīn	Vegetable with Mushrooms
松仁玉米	sōngrén yùmǐ	Sauteed Sweet Corn with Pine Nuts
西红柿炒鸡蛋	xīhóngshì chǎo jīdàn	Scrambled Egg with Tomato
干煸四季豆	gānbiān sìjìdòu	Dry Fried Fresh String Beans with Minced Meat
三鲜锅巴	sānxiān guōbā	Rice Crusts with Mixed Seafood
青椒土豆丝	qīngjiāo tǔdòusī	Stir-fried Potato Strips with Green Pepper
葱爆羊肉	cōng bào yángròu	Sauteed Lamb Slices with Scallion
宫保鸡丁	gōngbǎo jīdīng	Sauteed Chicken Cubes with Chili and Peanuts

京酱肉丝	jīng jiàng ròusī	Sauteed Shredded Pork in Sweet Bean Sauce
鱼香肉丝	yúxiāng ròusī	Stir-fried Pork Shreds with Chili Sauce
冬笋炒肉丝	dōngsǔn chǎo ròusī	Stir-fried Pork Shreds with Bamboo Shoots
青椒炒肉丝	qīngjiāo chǎo ròusī	Stir-fried Pork Shreds with Green Pepper
木须肉	mùxū ròu	Sauteed Sliced Pork with Eggs and Black Fungus
红烧狮子头	hóngshāo shīzitóu	Stewed Pork Ball in Brown Sauce
糖醋排骨	tángcù páigǔ	Sweet and Sour Spare Ribs
椒盐排骨	jiāoyán páigǔ	Fried Pork Ribs with Pepper Sauce
米粉肉	mǐfěn ròu	Steamed Pork with Rice Flour
水煮牛肉	shuǐ zhǔ niúròu	Poached Sliced Beef in Hot chili Oil
干锅茶树菇	gānguō cháshùgū	Griddle Cooked Tea Tree Mushrooms
酸菜鱼	suāncài yú	Boiled Fish with Pickled Cabbage and Chili
烤羊肉串	kǎo yángròuchuàn	Roasted Mutton Cubes on Spit
烤鸭	kǎo yā	Roast Duck
西红柿鸡蛋汤	xīhóngshì jīdàn tāng	Tomato and Egg Soup
酸辣汤	suān là tāng	Hot and Sour Soup

第四课　你 知道 怎么 去 吗?
Dì sì kè　Nǐ zhīdào zěnme qù ma?

热身话题
WARMING-UP EXERCISE

1. 你到中国以后去过哪些地方？是怎么去的？
2. 要是你想去一个没去过的地方，你会做什么准备？

词语
VOCABULARY

课文 1

1. 请教	qǐngjiào	动	ask for advice; consult
			～别人 / 向您～/如果你在中国生活碰到问题，你先～谁？
2. * 尽管	jǐnguǎn	副	feel free to
3. 直达	zhídá	动	to direct
			～上海

4. 倒（车）	dǎo	动	transfer 在中山路～/ 要倒三次车 / 从你住的地方到市中心要～吗？
5. * 不如	bùrú	连	would rather; it would be better to
6. 起步	qǐbù	动	starting; to start 车刚～/～价十元
7. 价	jià	名	price 起步～/ 优惠～/ 在你住的城市，出租车起步～是多少？
8. 上班	shàng bān		go to work
9. 拐	guǎi	动	to turn 往左～/～过去就是
10. 立交桥	lìjiāoqiáo	名	overpass; fly-over 一座～
11. 红绿灯	hónglǜdēng	名	traffic light
12. 天桥	tiānqiáo	名	footbridge; overpass 一座～
13. 右手	yòushǒu	名	right hand side 邮局在你的～。
14. 估计	gūjì	动	to estimate ～要下雨。/ 我～他不会来。/ 你～明天会是什么天气？
15. 糊涂	hútu	形	muddled; confused 他真～。/ 我都～了。

课文 2

16. 胡同	hútòng	名	alley; lane
17. 西餐厅	xīcāntīng		western-style restaurant
18. 赶	gǎn	动	rush for; try to catch ~时间 /~ 火车 / 你有过 ~ 时间的事儿吗？
19. ~环	~huán	名	ring road 二 ~/ 三 ~ 路 / 南四 ~
20. 绕	rào	动	make a detour ~路 /~ 了很远
21. 靠边儿	kào biānr		to stand by the side of ~/ 靠着那座大楼 / 在中国，汽车靠马路哪边走？你们国家呢？
22. * 好像	hǎoxiàng	副	seem
23. 掉头	diào tóu		to turn around 在前面 ~/~ 往回走

专有名词

1. 天博大厦	Tiānbó Dàshà	Tianbo Building
2. 中山路	Zhōngshān Lù	Zhongshan Road
3. 金江饭店	Jīnjiāng fàndiàn	Jinjiang Hotel

生词检查 CHECK NEW WORDS

选词填空

请教	直达	拐	估计

1. 看他的样子，我（　　　　）他不会同意。
2. 对不起，我能（　　　　）您一个问题吗？
3. 从这里到那儿不用倒车，地铁就能（　　　　）。
4. 往左（　　　　）不远有一个商店。

赶	绕	靠

1. 对不起，我要（　　　　）火车，以后再聊吧。
2. （　　　　）墙边儿站着不少人。
3. 前面堵车，得（　　　　）到另一条路走。

课文 TEXT

一

情节：山口问刘明怎么去天博大厦。

1. 山口找刘明什么事儿？
2. 坐公共汽车去方便吗？为什么？

山　口：刘明，跟你请教个事儿行吗？
刘　明：别这么客气，有问题尽管问我。
山　口：我明天早上想坐公共汽车去天博大厦，你知道怎么去吗？
刘　明：公共汽车没直达的，得倒车，下车后还得走一会儿。不如打车

去，起步价就能到。

山　口：早上是上班时间，我怕打不着车。

刘　明：那时候公共汽车和地铁也是最挤的。要不你骑我的自行车去吧。

山　口：也行啊，不过我不知道路。

刘　明：你出了西校门，先往南拐，过一座立交桥，看见红绿灯右转，直行一公里，过了一座天桥以后马上左转，就看见天博大厦了。记住，在路右手，是附近最高的楼。骑车大概15分钟就能到，早上堵车的时候，估计比打车快。

山　口：我完全糊涂了，你还是给我画张地图吧。

3. 坐出租车去行吗？为什么？
4. 最后山口怎么去？为什么？

5. 你能在纸上画一画刘明说的路吗？

二

情节：金美子打了一辆车。

1. 美子要去什么地方？

2. 美子要去的地方在哪儿？

3. 走三环是最近的路吗？为什么走三环？

金美子：师傅，我要去中山路。

师　傅：中山路哪儿啊？

金美子：嗯，那边有个大饭店您知道吗？我要去那个饭店后面的一个胡同。

师　傅：中山路有不少饭店呢，您说的是哪一个？

金美子：对不起，名字我记不清了，就在马路边上，旁边还有个西餐厅。要不您开到那儿附近，到了我就知道了。另外，最好快点，我赶时间。

师　傅：那咱们走三环行吗，虽然有点儿绕路，不过不堵车。

金美子：没问题。

……

情节：到了中山路。

金美子：师傅，就是这附近，您开慢点儿。

师　傅：那我先靠边儿了，您说的饭店是不是金江饭店？

金美子：好像是这个名字……哎呀，开过了……您在前面掉个头吧，就是刚才右手那条小路。

句式练习

SENTENCE PATTERN EXERCISES

1. 尽管+V

feel free to; not hesitate to

■ 副词，表示不用考虑别的，放心去做。一般用于未发生的事儿。跟连词“尽管”意义用法不一样。

This adverb indicates to have the permission to do something without concern for other issues, generally used for things that have not happened yet. It differs from the conjunction “尽管” (although; in spite of) in meaning and usage.

有问题尽管问我。

(1) 有什么困难尽管说，不要担心。

(2) 你们尽管放心地去做，一切有我呢。

(3) 有要求的话尽管告诉我，我一定想办法解决。

练一练 PATTERN EXERCISES

请把下面的句子用上“尽管”重新说一遍

(1) 今天点的菜很多，不要担心不够吃。
→今天点的菜多，大家尽管吃。

(2) 我买了很多水果，你随便吃。

(3) 如果你有要帮忙的，就告诉我，不要不好意思。

(4) 这是我自己的房子，一直空着，你随便住。

(5) 周末我家没人，你什么时候来都可以。

你自己的句子：

2.（与其）……，（还）不如……

（rather than）..., it would be better...

■ 表示比较后的选择。“不如”后面是说话人认为比较好的做法。“不如”前经常有“还”。前一小句句首也经常加上“与其”，“与其”后是说话人认为不好的做法。

Indicator of the choice made after comparison. “不如” is followed by the preferable way of doing things in the speaker's opinion. Frequently “还” is put before “不如”. “与其” is often placed at the beginning of the former clause, followed by the unwise way of doing things in the speaker's opinion.

不如打车去，起步价就能到。

(1) 那么近的地方，打什么车呀，我看还不如走着去。

(2) 在这儿等这么长时间，不如回家休息一会儿再来。

(3) 周末也没什么事儿，与其在家待着，不如跟我一起去爬山。

练一练 PATTERN EXERCISES

用“不如”在下面两件事儿中选择一个，说一个句子

(1) 看电视　　睡觉→电视没意思，还不如去睡觉。
(2) 走路　　坐公共汽车
(3) 麻烦别人　　自己做
(4) 去餐厅吃饭　　在食堂吃

你自己的句子：

3. 好像……

seem; as if

■ 副词，大概。对后面说的事情不那么肯定。
This adverb means “seem; as if,” indicating that the speaker is not so certain about the following statement.

好像是这个名字……
(1) 我好像见过他。
(2) 听他说话，好像是外国人。
(3) 这里我好像从来没来过。

练一练 PATTERN EXERCISES

用“好像”完成对话

(1) A：小张说他不愿意结婚。
　B：是，他好像说过这个话________________________。
(2) A：你认识他吗？
　B：________________________。

（3）A：你那里天气怎么样？
B：＿＿＿＿＿＿＿＿＿＿＿＿＿＿＿。

（4）A：他学习怎么样？
B：＿＿＿＿＿＿＿＿＿＿＿＿＿＿＿。

（5）A：麦克看起来精神不太好？
B：＿＿＿＿＿＿＿＿＿＿＿＿＿＿＿。

你自己的句子：

边记边说 WRITE AND SPEAK

请分组说说下面这些交通方式有什么优点和缺点，看看哪组说的多。在你们国家，还有什么交通工具？

	优点	缺点
1. 坐出租车		
2. 坐公共汽车		
3. 骑自行车		
4. 走路		
5. 自己开车		
6. 骑摩托车		

分组讨论 GROUP DISCUSSION

讨论中，请尽量使用这节课学过的生词和句式

1. 在你们国家时，你上学或者上班怎么去？说说你具体怎么走的。

2. 你觉得你们国家的交通和中国有什么一样和不一样的地方？

对话练习 CONVERSATION PRACTICE

两个人一组表演下面的对话

1. 问路：

A 想去一个地方，可是不知道怎么坐车，于是他问公共汽车站里等车的人 B，……

2. 打车：

A 是打车的人，B 是出租车司机，A 想去一个地方，可是 B 不知道这个地方在哪儿，……

这两段对话可以用到的词语有：

请教　尽管　直达　倒车　打车　起步价　拐　估计　记不清
赶时间　绕路　堵车　掉头　要不……　不如　好像

看图说话

SPEAK ACCORDING TO THE PICTURES

两个人一组，自己看着自己书上的这幅地图。然后一个人想好一个地方说怎么走，另一个人一边听一边画路线，说完看看能不能找到那个地方。

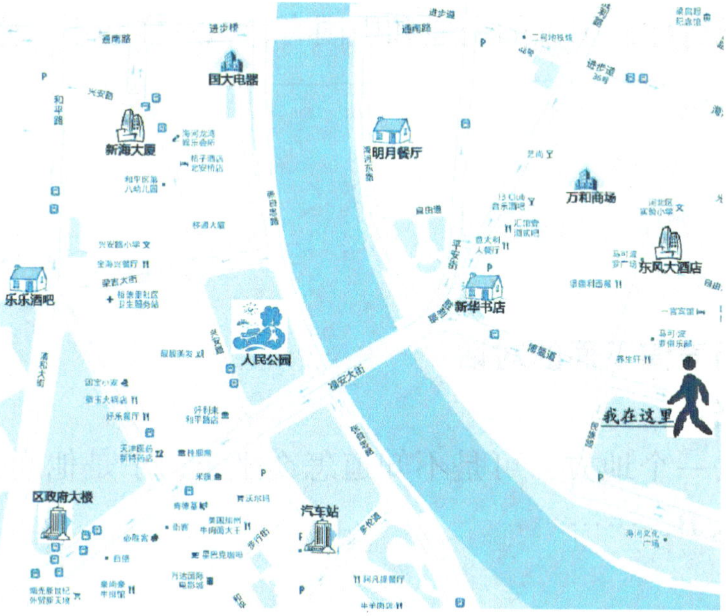

自我总结

SELF SUMMARY

请找出这一课里你觉得最有用的 5 个句子。

1.

2.

3.

4.

5.

第五课 向您请个假行吗?

Dì wǔ kè Xiàng nín qǐng ge jià xíng ma?

热身话题

WARMING-UP EXERCISE

1. 最近你生过病吗?
2. 如果是感冒这样的小病，你会去医院看吗?

词语

VOCABULARY

课文 1

1. 拉肚子	lā dùzi		have the runs; suffer from diarrhea
			我有点 ~。
2. 吐	tù	动	throw up; vomit
			~ 了好几次 /~ 在地上
3. 厉害	lìhai	形	terrible; formidable
			头疼得 ~。/ 他打篮球很 ~/ 你同学朋友里谁做什么比较 ~?

4. 量	liáng	动	to measure
			~体温 /~ 身高
5. 体温	tǐwēn	名	(body) temperature
6. 度	dù	量	degree (Centigrade)
			人的体温是多少 ~?
7. * 尤其	yóuqí	副	especially
8. 得（病）	dé (bìng)	动	fall (ill); fall (sick)
			~ 了病 /~ 了感冒 / 你最近 ~ 过病吗?
9. 胃	wèi	名	stomach
			~ 疼
10. ~ 炎	~yán		inflammation
			胃 ~/ 肠 ~/ 肺 ~/ 咽喉 ~
11. 严重	yánzhòng	形	grave; serious
			病得很 ~/ 事情很 ~
12. 住院	zhùyuàn		be in hospital
13.（开）药方	(kāi) yàofāng	名	(write out) a prescription
14. 取	qǔ	动	get
			~ 药 /~ 东西 / 自行车送去修了，下午 ~。
15. 说明书	shuōmíngshū	名	(a booklet of) directions

16. 假条	jiàtiáo	名	application for leave

课文 2

17. 急性	jíxìng	名	acute
			～肠炎 /～胃炎 /～病
18. 转交	zhuǎnjiāo	动	pass on; care of
			～给老师 / 请小张帮忙～。
19. 缺(课)	quē(kè)	动	be absent from; be short of; lack
			到现在，你～过课吗？
20. * 回头	huítóu	副	later
21. 补	bǔ	动	make up for
			～课 /～觉
22. 担心	dān xīn		worry; feel anxious
			别 ～/～ 会下雨 / 妈妈总是～我。/ 你最近有没有～什么事儿？
23. 养(病)	yǎng(bìng)	动	take rest and nourishment to regain one's health
			在家～病 / 一定要～好身体。

生词检查 CHECK NEW WORDS

选词填空

厉害	体温	住院	假条

病人：大夫，你给我开个（　　　）吧，我在家休息几天。
医生：你发烧比较（　　　），（　　　）已经39度多了，应该（　　　）观察一下。

急性	转交	补	担心

1. 今天缺的课明天能（　　　）吗？
2. 你这个病是（　　　）病，来的特别快。
3. 我（　　　）我的考试不及格。
4. 请你帮我把这本书（　　　）给老李。

课文 TEXT

一

情节：山口病了，去医院看病。

1. 山口怎么了？

山口：大夫，您好！
医生：哪儿不舒服啊？
山口：昨天晚上肚子疼得要命，拉肚子，还吐了两次。今天早上发高烧，头也疼得厉害。

医生：量过体温吗？

山口：早上量了，37度5，比平时高一点儿。

医生：肚子什么地方疼？指给我看看。

山口：这一片儿都疼，尤其是这儿。

医生：以前得过胃炎吗？

山口：小时候得过，挺严重的，还住过院，长大以后没怎么得过。

医生：嗯，那你坐近点儿，我给你检查一下。

2. 山口小时候得过什么病？

情节：检查完，医生开药方，取药后山口回来。

山口：大夫，这个药的说明书很复杂，我该怎么吃啊？

医生：每天三次，每次一片。休息一两天就行了。

山口：我想请您给我开个病假条。

3. 山口取了药以后还有什么问题？

二

情节：山口回到房间，给老师打电话。

1. 山口为什么给张老师打电话？
2. 山口现在身体怎么样？
3. 病假条什么时候给老师？

山　口：喂，请问是张老师吗？
张老师：是我，请问您是哪位？
山　口：我是您的学生山口。张老师，我今天早上不舒服，去医院检查了，医生说我得了急性肠胃炎。
张老师：是吗，现在感觉怎么样？好点儿了吗？
山　口：我已经吃了药，现在不拉肚子了，但医生说需要休息一两天。明天的课我想请个假。
张老师：没问题，你好好儿休息吧。
山　口：我请医生开了两天的病假条，我是明天让麦克转交还是后天我拿给您？
张老师：后天上课的时候你带来就行了。

山　口：好，谢谢老师，缺的课回头我一定补上。

张老师：别担心，病好了再补。你好好儿休息，好好儿养病。

山　口：好，谢谢老师！

4. 山口缺的课怎么办？

句式练习 SENTENCE PATTERN EXERCISES

1. 尤其

especially; particularly

■ 副词，表示在全体中特别突出。一般用在句子的后一部分，前一部分说明全体情况。

This adverb indicates an extreme case, generally used in the latter part of a sentence while the former part explains the overall condition.

这一片儿都疼，尤其是这儿。

(1) 这里总是人很多，尤其是周末。

(2) 我喜欢各种体育运动，尤其喜欢打篮球。

(3) 这次考试都不难，听力尤其容易。

练一练 PATTERN EXERCISES

用上"尤其"重新说下面的句子

(1) 这里经常堵车，晚上下班时候最厉害。

→这里经常堵车，尤其是晚上下班的时候。

（2）他这次考试不错，汉语还考了全班第一名。
（3）我全身都不舒服，肚子特别疼。
（4）多喝水对身体有好处，春天更应该多喝。
（5）我的朋友和我都挺不错的，其中小张和我关系最好。

你自己的句子：

2. 好好儿

all out; to one's heart's content; in perfectly good condition

■ 副词，形容词。做副词时意思是尽力、耐心去做；做形容词时意思是完好的，正常的，做形容词时经常加“的”做谓语和定语。课文中用做副词。

Adv. & adj. When used as an adverb, it means "do sth. to the best of one's ability and with persistence". When used as an adjective, it means "intact; normal", often followed by "的" to function as a predicative or an attributive. In this text it is used as an adverb.

你好好儿休息吧。
（1）一定要好好儿学习。
（2）到了周末我一定要好好儿睡一觉。
（3）昨天小李还好好儿的，怎么今天就生病了？

练一练 PATTERN EXERCISES

用“好好儿”完成句子

（1）这个问题你回去好好儿想一想再回答我＿＿＿＿＿＿＿＿＿＿。
（2）考试以前＿＿＿＿＿＿＿＿＿＿＿＿＿＿＿＿＿＿＿＿＿＿＿＿＿＿＿＿。
（3）我身上太脏了，＿＿＿＿＿＿＿＿＿＿＿＿＿＿＿＿＿＿＿＿＿＿＿＿。
（4）放假了，＿＿＿＿＿＿＿＿＿＿＿＿＿＿＿＿＿＿＿＿＿＿＿＿＿＿＿＿。
（5）他帮了你这么多忙，＿＿＿＿＿＿＿＿＿＿＿＿＿＿＿＿＿＿＿＿＿＿。

（6）这辆自行车骑了十几年了，　　　　　　　　　　　　　　　。

你自己的句子：

3. 回头

after a while; a moment later; minutes later

■ 副词，一定的时间以后。下次，过一会儿，以后。可以用在小句的句首。

This adverb is a colloquial expression indicating " after a certain amount of time; next; after a while; later," and can be used at the beginning of a clause.

缺的课回头我一定补上。

（1）你先回去吧，回头我给你打电话。

（2）今天太忙了，回头有时间我们再聊。

（3）先这样，别的回头再说吧。

练一练 PATTERN EXERCISES

用"回头"完成对话

（1）A：等会儿跟我们一起吃饭吧。

B：不好意思，今天还有事儿，回头再一起吃吧　　　　　　　　。

（2）A：今天应该还你钱，可是我忘带了，怎么办？

B：　　　　　　　　　　　　　　　　　　　　　　　　　。

（3）A：今天打球真有意思，以后咱们还可以一起玩。

B：　　　　　　　　　　　　　　　　　　　　　　　　　。

（4）A：我要现在就交钱吗？

B：　　　　　　　　　　　　　　　　　　　　　　　　　。

（5）A：你现在有时间吗？讲讲你旅游的事儿吧。

B：　　　　　　　　　　　　　　　　　　　　　　　　　。

你自己的对话：A：

B：

边记边说 WRITE AND SPEAK

分组说一说你有哪些健康和不健康的生活习惯，看看哪种习惯最多。

姓名	健康的生活习惯	不健康的生活习惯

分组讨论 GROUP DISCUSSION

讨论中，请尽量使用这节课学过的生词和句式

1. 你在你们国家，看病的时候先做什么后做什么？

2. 在中国看病，你最担心的是什么？

3. 你觉得怎样做可以少生病？

对话练习 CONVERSATION PRACTICE

请分组分角色表演下面的对话

1. 看病。

今天 A 觉得很不舒服，于是去医院找大夫 B 看病……

可以使用的词语包括：

疼　拉肚子　吐　发烧　体温　量　尤其　～得要命

～得厉害　得（病）　住院　假条　好好儿

2. 请假。

A 是一个公司职员，今天有非常重要的工作，可是 A 身体很不舒服，要去医院，所以你打电话给老板 B……

请用上课文 2 里面的话。

成段表达 EXPRESSION IN PARAGRAPHS

讲一讲你或者你朋友的一次生病看病的事儿

要求：说说为什么生病、生病看病的过程、最后的结果。

自我总结 SELF SUMMARY

请找出这一课里你觉得最有用的 5 个句子。

1.

2.

3.

4.

5.

第六课　我 想 去 云南 旅行
Dì liù kè　Wǒ xiǎng qù Yúnnán lǚxíng

热身话题
WARMING-UP EXERCISE

1. 你最近有没有旅行的打算？有的话打算去哪儿？
2. 你对中国什么地方感兴趣？为什么？

词语
VOCABULARY

课文 1

1. 课程	kèchéng	名	course
			中文～
2. 户外	hùwài	名	outdoors
			～运动（n.）/春天来了，多到～走走。/你喜欢什么～运动？
3. 自助	zìzhù	动	self-service
			～旅行/～餐/你喜不喜欢～旅行？

4. 驴	lǘ	名	donkey; ass
5. * 干脆	gāncuì	副	simply; just; clear-cut; straight-forward 工作这么辛苦，~辞职吧。
6. 包(车)	bāo(chē)	动	to charter bus or car 四个人~一辆车/~车出去玩
7. 合算	hésuàn	形	paying; worthwhile 买一送一，真~。/在中国买什么东西最~?
8. 算了	suànle		forget it ~吧，我可不想去。
9. 旅行社	lǚxíngshè	名	travel service; travel agency 一家~
10. 省心	shěng xīn		save worry or anxiety 工作很~/这个孩子很~。

课文 2

11. 咨询	zīxún	动	to consult ~公司/向刘老师~
12. 路线	lùxiàn	名	route; itinerary 旅行~/~复杂/一条~
13. 名气	míngqì	名	reputation; fame 中国什么人~比较大?
14. 来回	láihuí	动	go to a place and come back
15. 著名	zhùmíng	形	famous; well-known ~作家/~的大学

16. 景点	jǐngdiǎn	名	scenery spot; sight
17. 景观	jǐngguān	名	landscape 自然~/人文~
18. 人文	rénwén	名	human culture
19. ~日游	~ rì yóu		~day tour 长城一~/你觉得你所在的城市需要几~?
20. 行程	xíngchéng	名	itinerary 安排~/~非常紧/你出去旅行都是谁安排~?
21. ~单	~ dān	名	list 菜~/名~/行程~
22. 导游	dǎoyóu	名	tour guide
23. 提供	tígōng	动	provide; offer ~服务/~意见

专有名词

1. 云南	Yúnnán	Yunnan
2. 黄山	Huáng Shān	Huangshan mountains
3. 三峡	Sānxiá	the Three Gorges
4. 桂林	Guìlín	Guilin

注释

1. 驴友：互联网上把喜欢旅游的人叫驴友。

生词检查 CHECK NEW WORDS

读一读例句，两人一组用加点的生词仿照例句再做一个对话：

1. 合算

A：你为什么买这种电脑？

B：这种电脑正在特价，很合算。

2. 算了

A：你想好了吗？还去不去上海？

B：算了，这次放假时间太少，不去了。

3. 来回

A：去一次天安门要多长时间？

B：来回要三个小时吧。

4. 提供

A：你们这里提供早餐吗？

B：是的，我们早上七点开始提供自助早餐。

课文 TEXT

一

情节：金美子买了一个大旅行包，麦克看到了。

1. 美子为什么买包？她背得动吗？

麦　克：美子，你这是打算去哪儿啊？

金美子：等课程结束了，我想去云南旅行。

麦　克：这么大的包，你背得动吗？

金美子：没问题！我在国内就经常参加户

外活动和自助旅行。听说在中国把这种人叫“驴友”，“驴”嘛，背点东西还不是应该的！

麦　克：你真厉害，不过，你不会是一个人去吧？

金美子：3个人，在网上约的，我们都没见过面，不过大家的计划和时间都差不多，干脆就约好一块儿走。麦克，你上次不是说过想去中国南方吗？跟我们一起走吧，4个人包车更合算。

麦　克：算了吧，我还是愿意找旅行社，吃住玩他们都管，多省心啊。

2. 美子怎么去旅行？

3. 美子为什么想叫麦克一起去？麦克愿意吗？

二

情节：麦克去旅行社咨询旅行线路。

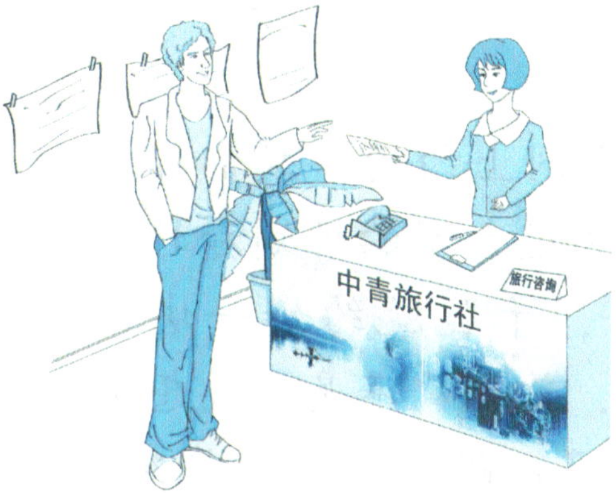

1. 麦克想去什么样的地方？

2. 旅行社职员为什么推荐桂林？

麦克：您好，我想咨询一下旅行路线。

职员：好的，您想去什么地方？

麦克：我希望是风景漂亮的地方，名气大一些，来回一个星期吧。您能推荐几条路线吗？

职员：黄山、三峡、桂林都是著名的景点，风景好，交通方便，飞机、火车都能到。

麦克：我特别想去中国南方，这几条路线里，是不是桂林最靠南？

职员：没错，而且桂林既有自然景观，也有人文景观。您要想去的话，我们有桂林四日游和六日游。

麦克：行程有什么不一样？

职员：行程单都在这儿，您先看看吧。要是您需要英语导游的话，我们也可以提供。

句式练习

SENTENCE PATTERN EXERCISES

1. 等 + 表示时间的词语

by the time; when; till

■ 表示到什么时间会做或者发生什么事情。常用于未发生的事儿。表时间的词语可以是时间词，也可以是一件事情。“等 + 表示时间的词语”后面可以说明会发生的事儿，也可以省略不说。

This structure indicates that at a certain time in the future something or some action will take place. It is often used for things that have not happened yet. The time indicators after “等” can be either a time phrase or a thing-to-do. “等 +time indicator” can be used alone or followed by explanations of what will happen.

等课程结束了，我想去云南旅行。

(1) 等天气好的时候我们再一起出去玩。

(2) 等小王回来，我们就出发。

(3) 现在去人家也下班了，等明天吧。

练一练 PATTERN EXERCISES

用“等 + 表示时间的词语”完成对话。

(1) A：咱们几点去吃饭？ B：等小王回来我们一起去＿＿＿＿。

(2) A：你什么时候去旅行？ B：＿＿＿＿＿＿＿＿＿＿＿＿。

(3) A：你打算什么时候结婚？ B：＿＿＿＿＿＿＿＿＿＿＿＿。

(4) A：你怎么还没回国啊？ B：＿＿＿＿＿＿＿＿＿＿＿＿。

(5) A：你什么时候给我打电话？ B：＿＿＿＿＿＿＿＿＿＿＿＿。

你自己的句子：A：

B：

2. 干脆（副词）

simply; just; might as well

■ 副词，索性，常表示不要那么麻烦、费事儿，直接做某事可能更简单、方便。

This adverb means “simply; just; altogether”, often indicating “Why bother? It would be easier or more convenient to do something in an uncomplicated, straightforward, or plain way.”

大家的计划和时间都差不多，干脆就约好一块儿走。

(1) 你跟他讲道理没用，干脆就别理他。

(2) 坐公交车还得倒三次，干脆打车过去得了。

(3) 食堂都快关门了，干脆我们去饭店吃吧。

练一练 PATTERN EXERCISES

用“干脆”完成句子

(1) 这电视这么多毛病，别修了，干脆买个新的吧　　　　　。

(2) 这夫妻俩整天吵吵闹闹的，＿＿＿＿＿＿＿＿。

(3) 他就算上了大学也不会好好学习，＿＿＿＿＿＿＿＿。

(4) 挑了半天也没买到合适的衣服，＿＿＿＿＿＿＿＿。

(5) 自己洗衣服太麻烦了，＿＿＿＿＿＿＿＿。

你自己的句子：

3. 既……又／也……

both... and...; as well as

■ 表示并列，“既”和“又”的后面可以是单独的动词、形容词，也可以是短句。一般并列部分有共同主语，在“既……又……”的前面。

The words that follow "既" and "又" can be verbs, adjectives, or clauses.

桂林既有自然景观，也有人文景观。

(1) 这里卖的东西既便宜质量又好。

(2) 一天吃饭，既要有蔬菜，也要有肉。

(3) 坐公共汽车既方便又省钱。

练一练 PATTERN EXERCISES

请用"既……又"和给出的词语说一句话。

(1) 公园　干净　漂亮→那所公园，既干净又漂亮，所以我常去。

(2) 饭店　好吃　便宜

(3) 房子　安静　交通方便

(4) 你　减肥　注意身体

(5) 烤鸭　好吃　有中国特色

你自己的句子：

边记边说 WRITE AND SPEAK

1. 课文里，美子和麦克分别怎么旅行呢（自助游 / 旅行团）？请分组总结一下这两种方式的优缺点，填在下面的表里。

旅行者	旅行方式	优缺点			
金美子		优点	1.	2.	3.
		缺点	1.	2.	3.
麦克		优点	1.	2.	3.
		缺点	1.	2.	3.

2. 分组说说每个人旅游过的地方里最喜欢和最不喜欢的地方，并说明原因。

姓名	最喜欢的地方	原因	最不喜欢的地方	原因

分组讨论 GROUP DISCUSSION

讨论中，请尽量使用这节课学过的生词和句式

1. 你最近有没有什么旅游计划？或者你最想去旅游的地方是哪里？为什么？

2. 你旅行前一般做哪些准备？

3. 如果你参加旅行团，你希望旅行团能提供什么服务？

4. 你会在网上约不认识的人一起去旅行吗？为什么？

5. 你喜欢自然景观还是人文景观？为什么？

对话练习 CONVERSATION PRACTICE

请分组分角色做下面的表演

1. A 和 B 是从来没见过面的网友，约好了一起出去旅行，今天 A 和 B 见面商量怎么去……

可以用到的词语：

包车　合算　省心　等……　干脆　既……又……

2. A 想去中国的某个地方旅行，去旅行社咨询，旅行社职员 B 给他介绍情况……

可以用到的词语：

咨询　旅行社　路线　来回　~日游　行程　导游　提供

干脆　既……又……

成段表达 EXPRESSION IN PARAGRAPHS

请在下面的两个话题中选择一个，向全班或小组同学做报告

1. 讲一讲自己或者朋友的一次旅行经历。

报告内容：（1）旅行的原因

（2）旅行的经过

（3）你觉得这次旅行怎么样？

2. 请向大家推荐一个旅游景点（可以是中国的，也可以是别的国家的）。

报告内容：（1）景点的情况

（2）为什么推荐

（3）怎么去和要注意的事儿

调查和报告 DIAOCHAHEBAOGAO

中国最美的地方大调查

找3~4位中国人，问问他们认为中国什么地方最美，最应该去哪儿旅游（如果不认识中国人，那问一问你的外国同学，看看他们觉得中国哪里最美）。在课堂上跟大家介绍一下这些地方。最后大家算一下，看看哪个地方得到的支持最多。

看图说话 SPEAK ACCORDING TO THE PICTURES

中国著名的旅游景点

你知道下面的照片里是中国哪些景点吗？说说你喜欢哪种景色？

自我总结 SELF SUMMARY

请找出这一课里你觉得最有用的 5 个句子。

1.

2.

3.

4.

5.

第七课
Dì qī kè

你的汉语水平进步这么快！
Nǐ de Hànyǔ shuǐpíng jìnbù zhème kuài!

热身话题
WARMING-UP EXERCISE

1. 你学过哪些外语？觉得好学吗？
2. 你觉得汉语难学吗？哪儿最难？

词语
VOCABULARY

课文 1

1. 进步	jìnbù	动 / 名	make progress; progress
			有了 ~/ 你的汉语最近有 ~ 吗？/~ 很大 / 学习 ~ 了
2. 关于	guānyú	介	about; on
			~ 这件事儿 /~ 这本书

3. 报告	bàogào	名	report
			调查～/写～/做～
4. 资料	zīliào	名	data; material
			查～/一份～/你经常去哪里查～?
5. * 正好	zhènghǎo	副、形	happen to; chance to
6. 发愁	fā chóu		worry; be anxious
			别～/～一件事/你最为什么事儿～吗?
7. 网	wǎng	名	network
			上～/～断了
8. 搜	sōu	动	search
			上 Google～资料/～他的房间
9. 截止	jiézhǐ	动	end; close (by a specified time)
			12 月 30 号～/～到昨天
10. 开头	kāitóu	名	beginning
			文章的～/电影的～
11. 清单	qīngdān	名	detailed list
			列～/一份～
12. 提纲	tígāng	名	outline
			写～/一份～
13. 邮箱	yóuxiāng	名	mailbox
			电子～
14. 建议	jiànyì	动、名	propose; suggest; advise
			我～你不要去。/医生的～

15. ~表	biǎo	名	form
			时间 ~/ 计划 ~/调查 ~
16. 商量	shāngliang	动	consult; discuss
			大家一起 ~
17. 出色	chūsè	形	outstanding; remarkable
			工作很 ~

课文 2

18. * 多亏	duōkuī	连	thanks to; owing to
19. 熬夜	áo yè		stay up late
			熬了一整夜 / 经常 ~/ 你经常 ~ 吗？最多熬到几点？
20. (考) 砸	zá	动	fail; lose; mess up; flunk
			考 ~ 了 / 办 ~ 了
21. 开夜车	kāi yèchē		burn the midnight oil
			不要 ~/~ 写作业
22. 抓紧	zhuājǐn	动	bone up; firmly grasp
			~ 时间 /~ 每一分钟
23. 诀窍	juéqiào	名	knack; recipe
			学习的 ~/ 你有什么学习的 ~?
24. 电视剧	diànshìjù	名	teleplay; TV play
			你喜欢看 ~ 吗？为什么？
25. 音像	yīnxiàng	名	audiovisual; sound and video recording
			~ 店 /~ 制品

26. 字幕	zìmù	名	subtitle
			中文 ~/ 英文 ~

生词检查 CHECK NEW WORDS

猜生词：两人一组，看着生词表，一个人自己从生词表里选一个生词，说出它的意思，另外一个人猜是哪个生词。比如：一个人说："晚上很晚不睡觉，工作或者学习。"另一个人猜"开夜车"。

课文 TEXT

一

情节：麦克去找王之峰。

1. 麦克找之峰做什么？

2. 麦克自己找过资料吗？他的报告现在写得怎么样了？

3. 之峰可以给麦克哪些帮助？

麦　克：之峰，最近忙吗？我有点儿事儿想麻烦你。

王之峰：别这么客气，什么事儿？

麦　克：最近我要写一个关于中国教育的报告，但是资料不够，你能帮我找点儿吗？

王之峰：就这个事呀，你怎么不早说？我最近正好也在写这方面的文章。

麦　克：真的？那太巧了！这几天我正发愁呢。去图书馆查、上网搜，找到的资料大部分用不上。报告截止时间快到了，我才写了个开头。

王之峰：别着急，要想找到需要的东西，最好有一份清单，有目的地找。

麦　克：清单我没有，不过我写了份提纲，要不你帮我看看，需要补充什么。

王之峰：（看了以后）行，写得不错，后面的部分我正好有一些资料，晚上我发你邮箱吧。前面的我建议你先找几个中国人调查一下，调查表我们可以一起商量。

麦　克：太好了，有你帮忙，这个报告一定会非常出色。

二

情节：山口让刘明看他写的作文。

刘　明：山口，这是你写的作文吗？真不敢相信，你的汉语水平进步这么快！

山　口：哪里，这也是多亏了你帮忙。

刘　明：我也没帮你什么，互相学习吧。对了，你们这周不是有考试吗？考得怎么样？

山　口：别提了，考试前一天我熬夜准备，结果考试的时候头疼得要命，什么都想不起来，考砸了。

刘　明：经常开夜车对身体不好，你得小心。平时抓紧点儿就行了。你这么聪明，下次考试一定没问题。

山　口：是啊，下次再也不熬夜了。我现在觉得自己作文进步比较大，但听力很差，电视上的新闻我大部

1. 山口的汉语水平怎么样？

2. 山口考试考得怎么样？为什么会这样？

3. 刘明觉得山口应该怎么办？

4. 山口在听力方面有什么问题？

5. 刘明认为用什么办法可以解决山口的听力问题？

6. 山口还希望刘明帮自己什么忙？

分都听不懂。你有什么诀窍没有？

刘　明：诀窍？多听多练啊。你试试录音以后边听边写。要是觉得新闻太难，你可以看看电影和电视剧，也能练听说能力。

山　口：我去过一回音像店，东西太多了，你能帮我推荐几个电影吗？最好有中英文字幕。

句式练习 SENTENCE PATTERN EXERCISES

1. 正好

happen to; chance to; as it happens; just in time; just right; just enough

■ 副词，形容词。副词表示恰巧遇到机会；形容词表示正合适，数量不多不少，时间、位置不前不后，程度不高不低等。
Adv. & adj. When used as an adverb, it means " bump into an opportunity; as luck would have it". When used as an adjective, it means "just right; just enough; just the right amount, time, place or degree, etc".

我最近正好也在写这方面的文章。

副词

(1) 我去找小刘的时候，正好在路上遇到了他。

(2) 我问的问题正好是他正在研究的。

形容词

(1) 这双鞋不大不小，正好。

(2) 十八岁可以结婚，她今年正好十八岁。

练一练 PATTERN EXERCISES

用“正好”完成句子和对话

(1) 你要找的是李明啊，我正好认识他。

(2) 我到公司的时候＿＿＿＿＿＿＿＿＿＿＿＿＿＿＿＿＿。

(3) 他得到第一名那天＿＿＿＿＿＿＿＿＿＿＿＿＿＿＿＿。

(4) A：这件衣服大小合适吗？

B：＿＿＿＿＿＿＿＿＿＿＿＿＿＿＿＿＿＿＿＿＿＿＿＿。

(5) A：这台电视6000块，你带够钱了吗？

B：＿＿＿＿＿＿＿＿＿＿＿＿＿＿＿＿＿＿＿＿＿＿＿＿。

你自己的对话：A：

B：

2. 多亏

thanks to; owing to; fortunately; luckily

■ 表示由于得到帮助或者某种有利条件，避免了不利的后果或得到了好处。多用在前一小句中。前一小句是得到的帮助或有利条件，后一小句表示得到的好处或避免的不利后果。后一小句常有“才”、“否则”、“不然”等。

It indicates that due to some aid or advantageous conditions, adverse consequences have been avoided or benefits obtained. It is often used in the former clause, which explains the aid or advantageous conditions; the latter clause shows the benefit obtained or adverse consequences avoided, and often contains words like “才”, “否则” and “不然”.

这也是多亏了你帮忙。

(1) 多亏了朋友帮忙，不然我肯定做不完。

(2) 多亏了这张地图，我才能找到这个地方。
(3) 你看，下雨了吧，多亏我带了伞。

练一练 PATTERN EXERCISES

请说说下面情况可以怎么用“多亏”来说

(1) 因为早上吃了东西，所以现在还不饿。→多亏吃了早饭，现在才不饿。
(2) 钱包丢了，后来警察帮助我找到了钱包。
(3) 我正要去上课，我的同屋告诉我今天不上课。
(4) 他开车送我，我才能赶上火车。
(5) 天黑了，我带了手电，所以没有迷路。

你自己的句子：

3. 别提了

Don't mention it. Forget it.

■ 用在句首，后面讲述遇到的倒霉的事情。
Used at the beginning of a sentence and followed by unlucky things.

别提了，考试前一天我熬夜准备，结果考试的时候头疼得要命，什么都想不起来，考砸了。

(1) A：今天怎么了？好像不太高兴？
B：别提了，我女朋友跟我分手了。
(2) A：你周末过得怎么样？
B：别提了，病了两天，哪儿也没去。

练一练 PATTERN EXERCISES

用“别提了”完成对话

(1) A：你新买的手机怎么样？
　　B：别提了，用了两天就坏了＿＿＿＿。

(2) A：听说你打算在外面租个房子？
　　B：＿＿＿＿。

(3) A：你不是出去旅行了吗？
　　B：＿＿＿＿。

(4) A：你今天去医院做什么？
　　B：＿＿＿＿。

(5) A：你怎么了？
　　B：＿＿＿＿。

你自己的对话：A：
　　　　　　　B：

边记边说 WRITE AND SPEAK

1. 分组说说现在学习汉语遇到的困难，总结一下，并选一个人向全班同学总结报告，然后讨论一下有什么解决的办法。

姓名	学汉语的困难	解决办法

2. 分组说说每个人从小学到现在最喜欢的课。

姓名	最喜欢的课	原因

对话练习 CONVERSATION PRACTICE

请分组分角色表演下面的对话

1. A 在写一个报告，资料只有图书馆有，可是 A 没有图书证，不能进去。A 想和图书馆的管理员 B 商量，看看能不能让自己进去查一下资料……

可以用到的词语：

关于　报告　资料　正好　愁　建议　上网　商量　抓紧

2. A 很努力地准备这次考试，可是自己觉得考得不好，他的朋友 B 安慰他……

可以用到的词语：

愁　建议　进步　熬夜　开夜车　（考）砸　抓紧　诀窍

成段表达 EXPRESSION IN PARAGRAPHS

请向大家推荐一个电影或者电视剧

要求：

1. 介绍这个电影或电视剧的内容。
2. 说明推荐的理由。
3. 可以是中国的电影或电视剧，也可以是别的国家的。

自我总结 SELF SUMMARY

请找出这一课里你觉得最有用的 5 个句子。

1.

2.

3.

4.

5.

第八课 我 想 要 有 中国 特色 的
Dì bā kè Wǒ xiǎng yào yǒu Zhōngguó tèsè de

热身话题
WARMING-UP EXERCISE

1. 你喜欢穿什么样的衣服?
2. 你觉得什么东西有中国特色?

词语
VOCABULARY

课文 1

1. 专卖店	zhuānmàidiàn		specialty shop
			一家 ~
2. 外套	wàitào	名	coat
			一件 ~
3. 号	hào	名	size
			小 ~/ 中 ~/大 ~/特大 ~
4. 店员	diànyuán	名	shop assistant; salesclerk

5. 身材	shēncái	名	stature; figure
6. 苗条	miáotiao	形	slender; slim 身材～
7. 试衣间	shìyījiān		the fitting room
8. 流行	liúxíng	形	prevalent; popular 这首歌很～。/ 现在～绿色。/ 你喜欢穿～的衣服吗？
9. 款式	kuǎnshì	名	style; model 最新～/ 巴黎的～
10. 做工	zuògōng	名	workmanship ～精致 /～非常好 / 你现在穿的衣服～怎么样?
11.～折	~zhé		discount 打～/ 打八～/九五～
12. 鲜艳	xiānyàn	形	bright-colored; brilliant 颜色～
13. 旗袍	qípáo	名	chi-pao; cheongsam 一件～
14. 定做	dìngzuò	动	customize; have sth. made to order ～服装 / 专门为他～/ 什么东西可以～?

课文 2

15. 工艺品	gōngyìpǐn	名	arts and crafts; workmanship
16. 传统	chuántǒng	形	traditional ~艺术 /~的节日 / 你喜欢~的东西吗？
17. 中国结	zhōngguójié		Chinese knot
18. 吉祥	jíxiáng	形	auspicious; lucky
19. 手工	shǒugōng		by hand; manual; handmade ~制作 / 纯~
20. 制作	zhìzuò	动	to make; manufacture 我自己~的。/ 手工~/ 你自己手工~过什么东西吗？
21. 脸谱	liǎnpǔ	名	facial makeup in operas 京剧~
22. 代表	dàibiǎo	动	represent 红色~了热情
23. 精致	jīngzhì	形	exquisite; delicate 做得很~/~的工艺品

注释

1. 脸谱：京剧等戏曲中，画在演员脸上的图案，不同的图案可以表示不同人物的性格。

生词检查

CHECK NEW WORDS

1. 请用上课文 1 生词里面最少三个词说说下面图里的每件衣服：

2. 请从课文 2 的生词里选择至少三个生词介绍一下下面的中国结：

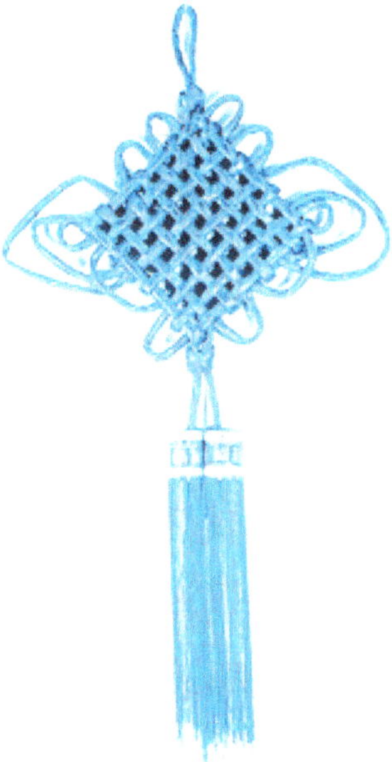

课文 TEXT

一

情节：金美子在专卖店看衣服。

1. 美子买这件外套了吗？为什么？

2. 美子买店员推荐的衣服了吗？为什么？

金美子：劳驾，请问这件外套还有大号的吗？

店　员：对不起，这种只有这一件了。不过，您身材挺苗条的，这件应该不大不小正合适啊。那边有试衣间，要不您穿上试试？

金美子：我不是给自己买，而是想送给我妈妈作礼物。她比我要胖一些。

店　员：那我给您推荐这件，这是今年流行的款式，号儿比较全，做工也没的说，而且现在优惠，打八折。

金美子：样子确实不错，就是颜色太鲜艳了，我妈妈肯定不爱穿。还有其他有中国特色的衣服吗？比如旗袍？

店　员：旗袍需要定做，要是您妈妈在中国，可以来店里量一下。

金美子：她最近来不了，谢谢您，我再看看吧。

3. 美子想要什么样的衣服？

4. 定做行不行？为什么？

二

情节：欧文去工艺品市场，打算买点儿有特色的东西。

店员：您好，您想买点儿什么？

欧文：我想买点儿有中国特色的工艺品，回去送给朋友作礼物。您有什么推荐的吗？

店员：那可多了，我这里都是传统工艺品。您要什么样的？

欧文：别太贵的，最好小一点儿，好带。

1. 欧文要买什么？他想要什么样的？

2. 店员为什么推荐中国结？

3. 脸谱代表了什么？

店员：您看这些中国结怎么样？红色是中国人最喜欢的颜色，代表快乐、吉祥。我们卖的都是手工制作的，做工非常好。

欧文：这个我已经买了不少了。还有别的推荐的吗？

店员：那您看看这边的。这个叫脸谱，您要是看过京剧的话一定知道。不同的脸谱代表不同的性格，我们这儿有几十种呢。您看，画得多精致。

欧文：好看是好看，就是大了点，不太好带。有小点儿的没有？

店员：大号、中号、小号的都有，您稍等，我给您拿。

句式练习

SENTENCE PATTERN EXERCISES

1. 不是……，而是……

not ... but...

■ 如果“不是……，而是……”强调的是不同主语，则主语分别在“不是”、“而是”后面。如果强调的是其他成分，主语一样，则主语可以在整个句子前面，或者分别在“不是”、“而是”后面。
If the “不是 A，而是 B” structure emphasizes that A and B have different subjects, these different subjects are placed after “不是” and

"而是" respectively. If the "不是 A，而是 B" structure emphasizes other sentence elements and A and B share the same subject, the subject can be placed either at the beginning of a sentence or after "不是" and "而是" respectively.

我不是给自己买，而是想买给我妈妈作礼物。

(1) 他不是没写作业，而是忘了带来。

(2) 不是我骗了你，而是他骗了你。

(3) 不是我不想去，而是我真的没时间。

(4) 不是我不想帮你，而是我没有这个能力。

练一练 PATTERN EXERCISES

用"不是……，而是……"完成对话

(1) A：你为什么租这儿的房子，是因为便宜吗？
B：租这个房子不是因为便宜，而是因为离学校近。

(2) A：你去那家饭店是去吃烤鸭吧？
B：＿＿＿＿＿＿。

(3) A：你怎么很少吃水果？不喜欢吃吗？
B：＿＿＿＿＿＿。

(4) A：怎么不买衣服了？觉得太贵了吗？
B：＿＿＿＿＿＿。

(5) A：你去云南是因为那里风景好吗？
B：

你自己的对话：A：
B：

2. 没的说

perfect; flawless

■ 表示非常好，没有任何问题。一般只做谓语。
Very good, without any problem. Normally it serves as predicate only.

这是今年流行的款式，号儿比较全，做工也没的说。
(1) 这家饭店的菜，味道没的说。
(2) 我们公司的手表，质量没的说。
(3) 那儿的风景没的说，就是人太多了。

练一练 PATTERN EXERCISES

用“没的说”重新说一下下面的句子

(1) 这双鞋的质量真不错 → 这双鞋质量没的说。
(2) 刘明的学习非常好。
(3) 他的口语很棒，但是写作比较差。
(4) 这家商店服务态度非常热情，就是东西太少了。
(5) 这家咖啡馆虽然有点远，但是环境真是特别好。

你自己的句子：

3. A 是 A，就是 / 但是 / 可是……

Even though..., ...

■ “A 是 A”表示让步，有虽然的意思，后一小句一般要有表示转折的词语“就是、但是、可是”等。
“A 是 A” indicates concession, meaning “although; even though...”. Normally the latter clause contains an adversative like “就是”, “但是” or “可是”.

好看是好看，就是大了点，不太好带。

(1) 作业多是多，但是并不难。

(2) 天气好是好，就是风有点儿大。

(3) 今天的晚会热闹是热闹，就是时间太短了。

练一练 PATTERN EXERCISES

用“A是A，就是/但是/可是……”完成对话

(1) A：你喜欢吃火锅吗？

B：火锅好吃是好吃，就是太辣了＿＿＿＿＿＿＿＿＿＿＿＿。

(2) A：这儿的东西比较便宜。

B：＿＿＿＿＿＿＿＿＿＿＿＿＿＿＿＿＿＿＿＿＿＿＿＿。

(3) A：那件旗袍做工不错啊，你怎么没要？

B：＿＿＿＿＿＿＿＿＿＿＿＿＿＿＿＿＿＿＿＿＿＿＿＿。

(4) A：这个电视剧不是挺好看的吗？

B：＿＿＿＿＿＿＿＿＿＿＿＿＿＿＿＿＿＿＿＿＿＿＿＿。

(5) A：自己做饭太麻烦了吧。

B：＿＿＿＿＿＿＿＿＿＿＿＿＿＿＿＿＿＿＿＿＿＿＿＿。

你自己的对话：A：＿＿＿＿＿＿＿＿＿＿＿＿＿＿＿＿。

B：＿＿＿＿＿＿＿＿＿＿＿＿＿＿＿＿。

边记边说 WRITE AND SPEAK

在你心中，什么东西是最有中国特色的？请列出至少三种。

	名称	理由
第一种		
第二种		
第三种		

分组讨论 GROUP DISCUSSION

讨论中，请尽量使用这节课学过的生词和句式

1. 你觉得定做衣服好还是买商场里的衣服好？为什么？

2. 如果你从中国回去，想带什么纪念品或者礼物？

3. 如果你的中国朋友到你们国家，你推荐他带什么纪念品回中国？为什么？

对话练习 CONVERSATION PRACTICE

1. 三人一组表演，A 去市场买回国的纪念品，店主 B 和 C 都想让 A 买他的东西……

可以用到的词语：

流行　款式　做工　传统　手工　精致　没的说

A 还可以用到下面的几个句式

1）谢谢你，我再看看吧。

2) 您有什么推荐的吗?

3) A 是 A，就是 / 但是 / 可是……

2. A 到中国学习，他的朋友 B 从国外打电话来让 A 帮忙在中国买一套旗袍……

可以使用的词语：

专卖店　身材　流行　款式　做工　传统　手工　精致

不是……，而是……　没的说　A 是 A，就是 / 但是 / 可是……

自我总结 SELF SUMMARY

请找出这一课里你觉得最有用的 5 个句子。

1.

2.

3.

4.

5.

附：脸谱的图片

第九课 你 是 独生 子女 吗?
Dì jiǔ kè Nǐ shì dúshēng zǐnǚ ma?

热身话题
WARMING-UP EXERCISE

1. 在你们国家，一般家庭有几个孩子？你家呢？
2. 在你们国家，年轻人结婚以后和父母住在一起吗？

词语
VOCABULARY

课文 1

1. 独生子女	dúshēng zǐnǚ		the only child
			你是～吗？
2. 陪	péi	动	accompany
			～病人/～老人说话/你喜欢～别人逛街吗？
3. 寂寞	jìmò	形	lonely; lonesome
4. 补习班	bǔxíbān	名	continuation class
			上～

5. 顾	gù	动	take into consideration; take care of; attend to
6. 溺爱	nì'ài	动	spoil (a child); dote on (a child)
			～孩子
7. 严格	yángé	形	strict
			～要求 / 你的父母对你要求～吗？
8. 竞争	jìngzhēng	名	competition
			互相～/ 跟他～
9. 激烈	jīliè	形	intense; fierce; keen
			竞争～/～的斗争 / 在你们国家，上大学竞争～吗？
10. 培养	péiyǎng	动	cultivate; raise
			～孩子 /～学习的能力
11. 重点学校	zhòngdiǎn xuéxiào		key school
12. 录取	lùqǔ	动	enroll; admit
			被大学～
13. 天才	tiāncái	名	genius; talent
			他是个～/～的运动员

课文 2

14. 结婚	jié hūn		marry
15. 婚礼	hūnlǐ	名	wedding ceremony

16. 恭喜	gōngxǐ	动	congratulate
			~发财！/~~！
17. 整天	zhěngtiān	名	the whole day; all day
			~在家里 /~ 睡觉 /~ 玩儿
18. 待	dāi	动	stay
			~在家里 / 周末你常常 ~ 在哪儿？
19. 退休	tuìxiū	动	retire
			60 岁 ~/ 你们国家多少岁 ~?
20. 闲	xián	形	not busy; idle
			~下来 /~ 了一个星期 / 你喜欢忙的生活还是比较 ~ 的生活？
21. 老太太	lǎotàitai	名	old lady; old woman
22. 老年	lǎonián	名	old age
			~人

生词检查 CHECK NEW WORDS

选词填空

寂寞	陪	培养	严格	激烈

1. 这场比赛双方水平差不多，比赛非常（　　　）。
2. 老人一个人在家，经常会感到（　　　）。
3. 同学生病了，我（　　　）他去了医院。

4. 为了（　　）孩子对音乐的兴趣，他请了好几位老师。
5. 这次考试要求非常（　　）。

整天	待	退休	闲

他 60 岁（　　）以后，（　　）不出门，（　　）在家里，什么都不干，（　　）得不得了。

课文 TEXT

一

情节：山口跟刘明聊刘明的家庭。

1. 刘明有没有兄弟姐妹？

山口：刘明，你是独生子女吗？
刘明：是，我们这一代的中国孩子大部分都是独生子女。
山口：那小时候会不会没人陪着玩儿，觉

得寂寞呢？

刘明：小时候天天上补习班，周末比平时还忙，哪儿顾得上玩儿啊。

山口：是吗？可是我听说中国的孩子都是小皇帝、小太阳，全家人都得围着他转，是这样吗？

刘明：父母溺爱孩子的情况当然有，不过我父母对我要求比较严格。没办法，现在竞争太激烈了，孩子不从小培养就很难考上好的高中和大学。

山口：我知道在中国考大学不容易，没想到考高中也这么难。

刘明：普通高中倒不难，但是一些重点学校可就没那么容易了。就拿我上的高中来说吧，十个人里能录取一个就不错了。

山口：那你们同学都是天才啊。

2. 刘明小时候寂寞吗？

3. 刘明的父母为什么对他要求比较严格？

4. 刘明毕业的高中怎么样？

二

情节：赵安去找麦克。

赵安：麦克，我下个月结婚，到时候一定来参加我的婚礼呀。

麦克：恭喜恭喜！我一定去。

赵安：对了，我们买了房子，结婚后就搬

1. 赵安找麦克什么事儿？

2. 赵安结婚后怎么住？

过去，有空儿欢迎过来玩儿。

麦克：好的。父母会来和你们一起住吗？

赵安：他们不愿意离开老家。我妈说，等将来我们有了孩子再过来帮忙。再说，要是现在他们过来，我们整天不在家，也不可能陪他们。

麦克：对，老人们总是自己在家待着也没意思。不过我觉得好多老人退休以后也闲不下来。

赵安：是啊，拿我妈来说吧，她退休以后跟附近的老太太们组织了个老年舞蹈队，现在比上班的时候还忙呢。

3. 赵安的父母为什么不和他们一起住？

4. 赵安的妈妈退休以后做什么？

句式练习

SENTENCE PATTERN EXERCISES

1. 顾得上 / 顾不上

have the time or energy to care about / too busy to attend to

■ “顾不上”一般表示因为太忙、时间紧张而来不及或者没有精力做某事。“顾得上”的意思相反，但是一般“顾得上”前面有“哪儿”“没”等，仍然表示疑问或否定。

“顾不上” normally means “too busy to do something”, “have no time to do something” or “have no energy to do something”. “顾得上” means the opposite, but it is often preceded by words like “哪儿” or “没” to pose a rhetorical question or indicate negation.

周末比平时还忙，哪儿顾得上玩儿啊。

(1) 今天工作多，没顾得上吃午饭。

(2) 最近太忙了，根本顾不上学习。

(3) 他这两天忙得连打个电话都顾不上。

练一练 PATTERN EXERCISES

用“顾得上 / 顾不上”完成对话

(1) A：你文章写完了吗？

B：上个月忙着找工作，还没顾得上写呢。

(2) A：最近怎么没看到你打球啊？

B：＿＿＿＿＿＿＿＿＿＿＿＿＿＿＿＿＿＿＿＿＿＿。

(3) A：这个假期你没出去旅游吗？

B：＿＿＿＿＿＿＿＿＿＿＿＿＿＿＿＿＿＿＿＿＿＿。

(4) A：你看今晚的电视了吗？

B：＿＿＿＿＿＿＿＿＿＿＿＿＿＿＿＿。

(5) A：上火车以前你应该跟小王说声再见。

B：＿＿＿＿＿＿＿＿＿＿＿＿＿＿＿＿。

你自己的对话：A：＿＿＿＿＿＿＿＿＿＿。

B：＿＿＿＿＿＿＿＿＿＿。

2. 拿……来说，……

Take... for example,...

■ 表示举例，是比较口语化的说法。

To give an example; often used in spoken language.

就拿我上的高中来说吧，十个人里能录取一个就不错了。

(1) 我们学校课非常多，拿我来说吧，一个星期要上20多节课。

(2) 北方的夏天很热，拿北京来说吧，夏天常常在35度以上。

(3) 他有些坏习惯总是改不了，就拿吸烟来说吧，我说了七八次了都没有用。

练一练 PATTERN EXERCISES

用“拿……来说，……”完成句子

(1) 上下班的时候很多地方都堵车，就拿这条路来说吧，平时20分钟的路这时候要走1个小时＿＿＿＿＿＿＿＿。

(2) 很多中国菜味道都不错，＿＿＿＿＿＿＿＿。

(3) 我们班很多同学的外语都很好，＿＿＿＿＿＿＿＿。

(4) 中国有很多地方和我们国家不一样，＿＿＿＿＿＿＿＿。

(5) 我们家的人看起来都比较年轻，＿＿＿＿＿＿＿＿。

你自己的句子：

3. 再说

what's more; besides

■ 在前面所说理由基础上，进一步说明理由。放在后面小句的开头。This expression introduces an additional reason. It is placed at the beginning of the latter clause.

我妈说，等将来我们有了孩子再过来帮忙。再说，要是现在他们过来，我们整天不在家，也不可能陪他们。

(1) 我不想去篮球队，没兴趣，再说，我身高也不够啊。

(2) 你别打他，他还只是个小孩，再说，也不都是他的错。

(3) 你原谅他吧，他不是故意的，再说，他也道过歉了。

练一练 PATTERN EXERCISES

用“再说”把下面的事情和它的两个原因连起来说一句话

(1) 不去看电影（忙　电影不好看）→我不去看电影，太忙了，再说，听说那个电影也不好看。

(2) 周末爬山（锻炼身体　没什么事儿）

(3) 坐地铁去（便宜　不堵车）

(4) 出去旅行（正好是放假　春天天气好）

(5) 不能和她结婚（我们总是吵架　父母也不同意）

你自己的句子：

边记边说

WRITE AND SPEAK

1. 如果你有孩子，下面这些事儿你会不会做，为什么？

	会不会做	原因
孩子有错就打他		
让孩子上周末补习班（比如学钢琴、学画画）		
陪孩子一起学习		
让孩子学习做饭		

2. 如果可以回到10岁，你最想做的是什么？如果你退休了，你最想做的又是什么？请分组调查一下你的同学，并向大家报告。

姓名	10岁时最想做的	退休后最想做的

分组讨论 GROUP DISCUSSION

讨论中，请尽量使用这节课学过的生词和句式

1. 说说你小时候父母对你的教育方法。

2. 你认为独生子女生活能力会更好还是更不好？为什么？

3. 你觉得孩子结婚以后和父母住在一起有什么优缺点？

4. 现代社会老人越来越多，这可能会带来什么问题？

对话练习 CONVERSATION PRACTICE

两人一组进行下面的对话

1. 到了周末，孩子A该去上补习班了，但是他特别不想去，妈妈B劝他去上课……

可以用到的词语：

补习班　严格　溺爱　竞争　激烈　培养　整天

重点学校　待　闲　拿……来说　再说

2. A买了新房子，想让父母B/C来一起住，A跟父母B/C商量这件事儿……

可以参考课文的这一段里面重点强调的话：

赵安：他们不愿意离开老家。我妈说，等将来我们有了孩子再过来帮忙。再说，要是现在他们过来，我们整天不在家，也不可能陪他们。

麦克：对，老人们总是自己在家待着也没意思。

自我总结

SELF SUMMARY

请找出这一课里你觉得最有用的 5 个句子。

1.

2.

3.

4.

5.

第十课 您打的这是太极拳吗?
Dì shí kè Nín dǎ de zhè shì tàijíquán ma?

热身话题
WARMING-UP EXERCISE

1. 你对太极拳有什么印象?
2. 你喜欢看什么演出?

词语
VOCABULARY

课文 1

1. 太极拳	tàijíquán	名	Taijiquan; shadow boxing
			打～
2. 草坪	cǎopíng	名	lawn
			一块～
3. 古老	gǔlǎo	形	ancient
			～的文化/～的建筑/你觉得什么地方比较～?
4. 功夫	gōngfu	名	Kungfu

5. 亲眼	qīnyǎn	副	with one's own eyes
			~看到 / 你~见到过什么有名的人吗？
6. 中国画	zhōngguóhuà	名	traditional Chinese painting
7. 内涵	nèihán	名	connotation
			~丰富 / 很有~
8. 遗憾	yíhàn	形	regrettable; unfortunate
9. * 其实	qíshí	副	actually; in fact
10. 免费	miǎn fèi		free of charge; free
			~学习 / 这是~的
11. 报名	bào míng		register; sign up
			你参加学习需要~吗？在哪儿报的名？
12. 准时	zhǔnshí	形	punctually; on time
			~到 / 来得很~/ 和别人见面时，一般你会~到吗？
13. 简化	jiǎnhuà	形	simplified
			~太极拳
14. 适合	shìhé	动	suit; fit
			这件衣服很~我。/ 这种事~小张做。

课文 2

15. 杂技	zájì	名	acrobatics
			表演~

16. 演出	yǎnchū	名	show; performance
			一场～
17. 从中	cóngzhōng	副	out of; from among; therefrom
			～学到不少东西
18. 距离	jùlí	名	distance
			你的房间和教室～远吗？
19. * 值得	zhídé	动	be worth
20. * 无所谓	wúsuǒwèi	动	be indifferent; does not matter
21. 陈列	chénliè	动	display
			～得很整齐
22. 珍贵	zhēnguì	形	valuable; precious
23. 文物	wénwù	名	cultural relic; historical relic
			～一般陈列在哪里？
24. 精品	jīngpǐn	名	fine works (of art)
25. 位置	wèizhi	名	location; site
			你家在城市的什么～？
26. 稍	shāo	副	a little; slightly; somewhat
			考试～有点难。/ 吃了药，感觉～好点了。

专有名词

1. 陈氏太极拳	Chénshì Tàijíquán	Chen-style Taijiquan

生词检查 CHECK NEW WORDS

用给出的生词回答问题：

1. A：你真的见到他了？他不是出国了吗？
   B：（亲眼）
2. A：参加你们的活动要交多少钱？
   B：（免费）
3. A：我穿红色的衣服怎么样？
   B：（适合）
4. A：你看的这本书对你有帮助吗？
   B：（从中）
5. A：你累不累？
   B：（稍）

课文 TEXT

一

情节：金美子看到学校草坪上有老人在打太极拳。

1. 美子以前见过太极拳吗？

金美子：老师傅您好，您打的这是太极拳吗？

老　人：没错儿，这叫陈氏太极拳，是太极拳里比较古老的一种。你对太极拳有兴趣吗？

金美子：我以前在电影、电视里看到过，

知道是一种中国的传统功夫。今天亲眼看到，觉得特别有意思。

老　人：是啊，太极拳有几百年的历史，和京剧、中国画一样都是中国传统文化的代表，内涵非常丰富。不过遗憾的是现在很多年轻人对这些都不大感兴趣了。

金美子：我倒挺想学的，可是一定很难学吧？

老　人：其实也没那么难。你要是想学的话，早上这里有免费的太极拳班，你可以来参加。

金美子：是吗？太好了，怎么报名？

老　人：明天早上6点你准时来，跟教太极拳的老师说一下就行。他们教的是简化的太极拳，正好适合你学。

金美子：六点？这么早啊，我恐怕起不来。

2. 太极拳有什么特点？

3. 美子可以学习太极拳吗？她应该怎么办？

二

情节：王之峰周末想去博物馆参观展览。

1. 王之峰想请麦克做什么？
2. 麦克答应了吗？为什么？
3. 欧文对博物馆的内容和距离有什么要求？
4. 王之峰建议他们去哪儿？为什么？

王之峰：麦克，周末有个杂技演出，我有两张票，你来看吗？

麦　克：谢谢你，我倒是挺想看的，不过，欧文快回国了，他想去博物馆，周末我得带他转转。对了，那么多博物馆，你能推荐一个吗？

王之峰：那得看他对什么方面感兴趣。

麦　克：欧文兴趣可广了，不过，我听他说最想看和中国历史有关的内容，可以从中了解一下中国的传统文化。

王之峰：距离远近有关系吗？

麦　克：只要值得去，远近无所谓。

王之峰：我建议你先去市博物馆，里面陈列的大多是很珍贵的文物，最近好像还有个全国文物精品展，很值得看。位置嘛，离咱们这儿稍有点远，不过就在地铁站旁边。

麦　克：好啊，那你跟我说说怎么走吧。

句式练习 SENTENCE PATTERN EXERCISES

1. 其实

actually; in fact

■ 用在动词前、主语前都可以。表示下面说的是实际情况。是对上文或者一般看法的更正、补充。

Used before a verb or the subject, it indicates that the following statement is the actual situation, thus correcting or supplementing the preceding remarks or a common view.

其实也没那么难。

(1) 大家以为他是韩国人，其实他是日本人。

(2) 他俩看起来关系很好，其实互相竞争很厉害。

(3) 其实我挺饿的，但是我得减肥。

练一练 PATTERN EXERCISES

用“其实”完成句子

(1) 他汉语说得非常好，但其实他只学过一年______。

(2) 这次考试虽然很重要，______。

(3) 这家商店的东西看起来打折很多，______。

(4) 我们都以为他是公司老板，________________________。
(5) 在大家面前，他每天都快快乐乐的，________________________。

你自己的句子：

2. 值得 / 不值得

be worth / be not worth

■ 动词。表示某事有好处、有意义、有价值。可以单独做谓语，也可以加在动词或者小句前面。另外，还可以加程度副词修饰。
This verb indicates that something is beneficial, meaningful or valuable enough to justify an action. It can either stand alone as a predicate or be placed before a verb or a clause.

只要值得去，远近无所谓。
(1) 我觉得故宫值得多看几次。
(2) 你这个方法不错，值得试一试。
(3) 为了这么点小事儿生气，真的不值得。

练一练 PATTERN EXERCISES

用给出的词语和“值得 / 不值得”说一句话

(1) 电影　　　　　　值得→这部电影值得花几十块钱去看。
(2) 动物园　　　　　值得
(3) 手机　　　　　　值得
(4) 博物馆　　　　　值得
(5) 为了钱累坏身体　不值得

你自己的句子：

3. 无所谓

be indifferent; not matter

■ 表示不在乎，没什么关系。

This expression shows an attitude of indifference, meaning "do not regard something as important; can take it or leave it; it doesn't matter."

只要值得去，远近无所谓。

(1) 去哪儿无所谓，我就是想出去走走。

(2) 星期六还是星期日都无所谓，只要是周末就行。

(3) 你们选时间吧，我无所谓。

练一练 PATTERN EXERCISES

用"无所谓"完成对话

(1) A：你想吃什么？

B：我无所谓，看你想吃什么了______。

(2) A：你对住的地方有什么要求？

B：______。

(3) A：你希望谁跟你一起工作？

B：______。

(4) A：你为什么一定要去大商场买衣服？那儿多贵呀。

B：______。

(5) A：你希望你未来的女朋友什么样？

B：______。

你自己的句子：

边记边说 WRITE AND SPEAK

请说说你喜欢不喜欢下面这几种东西，为什么？

	是否喜欢	原因
京剧		
中国画		
太极拳		
功夫电影		
文物		

分组讨论 GROUP DISCUSSION

讨论中，请尽量使用这节课学过的生词和句式

1. 在现在你在的城市里，你最感兴趣的地方是哪儿？为什么？

2. 为什么很多年轻人对传统的东西兴趣不大？在你们国家，有没有这个问题？你觉得这个问题严重吗？

3. 你觉得中国功夫是真的很厉害还是其实不厉害？

对话练习
CONVERSATION PRACTICE

请分组分角色表演下面的对话

1. 金美子一大早起来到草坪去太极拳班报名。她找到教太极拳的老师……

可以用到的词语：

太极拳　古老　功夫　亲眼　内涵　报名　简化　适合
其实　无所谓　值得

2. A 和 B 商量周末一起去哪儿，A 想去博物馆，B 想去游乐园。两个人的看法不一样……

可以用到的词语：

古老　亲眼　内涵　免费　适合　从中　距离　文物　位置
其实　无所谓　值得

成段表达
EXPRESSION IN PARAGRAPHS

向大家推荐一个博物馆，可以是中国的，也可以是别的国家的。

内容包括：

（1）博物馆里陈列了什么，有什么特点
（2）为什么推荐
（3）博物馆的位置

自我总结 SELF SUMMARY

请找出这一课里你觉得最有用的 5 个句子。

1.

2.

3.

4.

5.

第十一课
Dì shíyī kè

飞机 什么 时候 能 起飞 啊?
Fēijī shénme shíhou néng qǐfēi a?

热身话题
WARMING-UP EXERCISE

1. 去远的地方旅行，有哪些交通工具?
2. 坐飞机的时候，不能带什么东西?

词语
VOCABULARY

课文 1

1. 起飞	qǐfēi	动	take off
			飞机～
2. 手续	shǒuxù	名	procedures; formalities
			办～/～复杂 / 办出国～复杂吗?
3. * 根据	gēnjù	动	according to; based on

4. 规定	guīdìng	名	rule; provision
5. 随身	suíshēn	形	（take） with sb. ～携带 / 可以～带五公斤行李。/ 你出门一般～带什么东西？
6. 托运	tuōyùn	动	check （one's baggage） ～行李 /～处
7. 晚点	wǎn diǎn		late; be delayed 飞机～
8. * 说不好	shuōbuhǎo		can't tell; not sure about
9. 降落	jiàngluò	动	land; descend
10. 倒霉	dǎo méi	形	unlucky; unfortunate 太～了 /～的一天
11. 天气预报	tiānqì yùbào		weather forecast
12. 散	sàn	动	lift; disperse; clear away 雾～了 / 看热闹的人～了。

课文 2

13. 卧铺	wòpù	名	sleeper car on a train
14. 硬座	yìngzuò	名	hard seat on a train
15. 硬卧	yìngwò	名	hard sleeper on a train

16. 软卧	ruǎnwò	名	soft berth
17. 动车	dòngchē	名	multiple unit train; rail motor coach
18. 下铺（上铺）	xiàpù（shàngpù）	名	lower berth（upper berth）
			如果坐火车卧铺，你想睡~还是~?
19. 挨	āi	动	be close to; be next to
			两个人~着/座位~着窗户/现在你~着谁（什么）?
20. 包厢	bāoxiāng	名	compartment
21. * 各	gè	副	variously; respectively
22. 返程票	fǎnchéngpiào		return ticket
23. 旺季	wàngjì	名	peak period; busy season
			旅游~/在你的家乡，什么时候是旅游~?

生词检查 CHECK NEW WORDS

看照片，用课文 2 的生词介绍一下照片上的内容：

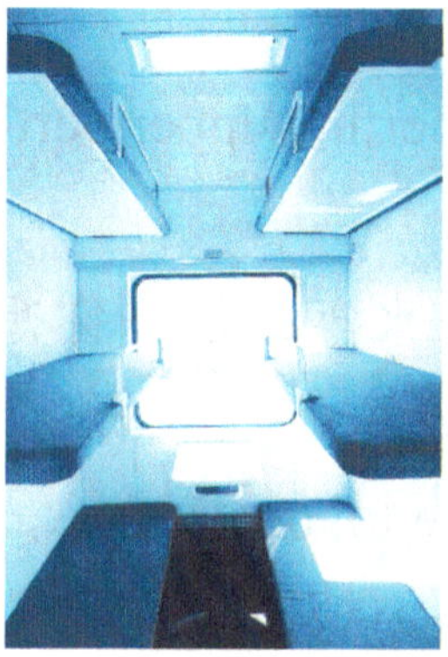
A

B

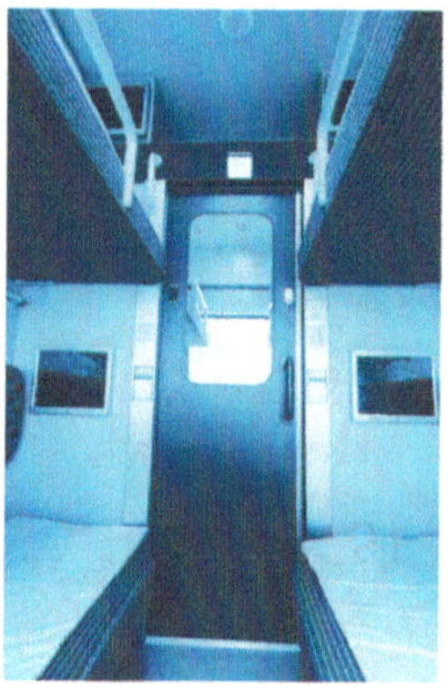
C

课文 TEXT

一

情节：麦克在飞机场办登机手续。

工作人员Ⅰ：请打开您的行李，检查一下。这里面装的是什么？

麦　　克：送给朋友的化妆品。您看这里还有说明书呢。

工作人员Ⅰ：对不起，根据规定，这也不能随身携带。您还是去办一下托运吧。

麦　　克：那好吧，在哪儿办托运？

工作人员Ⅰ：就在服务台旁边。

1. 麦克带了什么？能带上飞机吗？

2. 麦克的行李应该怎么办？

情节：飞机晚点，麦克问一个工作人员。

麦　　克：请问，飞机什么时候能起飞啊？

工作人员Ⅱ：对不起，现在我们也说不好。

麦　　克：怎么会这样，我都等了两个多小时了！

工作人员Ⅱ：很抱歉，那边机场有大雾，飞机无法降落。您别着急，有最新情况我们会广播通知的。

麦　　克：真倒霉！今天不会都走不了了吧？

工作人员Ⅱ：您放心，根据天气预报，雾可能中午就会散。

3. 飞机为什么晚点？

4. 中午以前飞机能起飞吗？为什么？

二

情节：金美子去买火车票。

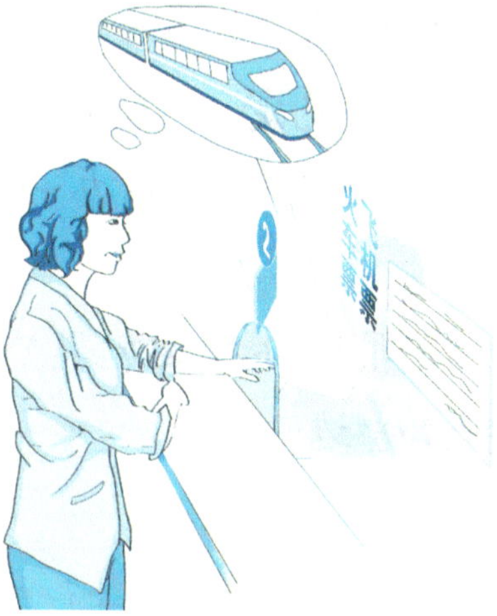

1. 金美子想买什么样的票？

2. 最后她买到了什么样的票？

金美子：请问18号的T31到上海还有卧铺吗？

订票员：没了，只剩硬座了。

金美子：那18号的T109呢？我想买两张硬卧。

订票员：硬卧早卖光了。您不如坐G15，现在有票，上午11点发车。

金美子：我还是想坐夜车，睡一觉就到了。麻烦您再查一下软卧，只要是晚上出发、第二天早上到就行，晚上几点走无所谓。

订票员：动车D321，D313还有软卧。

金美子：那就D321的软卧吧，两张。有下铺吗？

订票员：下铺没有挨着的号。一个下铺，

一个上铺，可以吗？

金美子：在一个包厢吗？

订票员：对。下铺是698元，上铺是617元，各加5块钱订票费。

金美子：好。另外，您这里能订下个月10号的返程票吗？

订票员：下个月10号的返程票还没开始卖，你20号晚上再来吧。

金美子：可是20号我已经到上海了。

订票员：那您就只能到了上海再买票了，现在不是旺季，上海过来的票应该不难买。

3. 金美子买到返程票了吗？为什么？她应该怎么办？

句式练习 SENTENCE PATTERN EXERCISES

1. 根据

according to; based on

■ 表示以某事或动作为前提、基础。后面可以加名词和名词性短语，也可以加一些动词。另外，“根据”后面不能带单音节名词和动词。

It indicates premised on or based on something or some action. It can be followed by a noun, a noun phrase, or a verb.

对不起，根据规定，这也不能随身带。

根据天气预报，雾可能中午就会散。

(1) 根据学校的通知，这次考试改了时间。
(2) 根据医生的建议，你应该少吃甜的食品。
(3) 这部电影是根据一部小说拍的。

练一练 PATTERN EXERCISES

用“根据”说一句话

(1) 调查	报告 →请根据你们的调查写一个报告。
(2) 自己的爱好	选择课程
(3) 例子	造句
(4) 地图	找路
(5) 法律	不能这么做

你自己的句子：

2. 说不好

be not sure; can't tell

■ 表示不能确定，多数用做谓语。
This expression indicates uncertainty and is mostly used as a predicate.

对不起，现在我们也说不好。
(1) 明天会不会下雨，我也说不好。
(2) 这件事儿将来会怎么样，谁也说不好。
(3) 现在太晚了，能不能赶上火车还真说不好。

练一练 PATTERN EXERCISES

用“说不好”完成对话

(1) A：你明天去不去参加晚会？
B：现在我也说不好，要是我下班早就能去＿＿＿＿＿＿＿＿。

(2) A：你觉得飞机几点能到？
B：

(3) A：我头疼，这是什么病啊？
B：

(4) A：这条旅行路线需要几天？
B：

(5) A：作业明天能写完吗？
B：

你自己的对话：A：
B：

3. 各

respectively

副词，意为分别，表示不同的事物有同样的行为、属性、数量。用在数量词前面时，有时可以不加动词，直接接数量词，另外，“各”一般不用于否定句。

This adverb means “respectively”, indicating that the same behavior, feature or quantity applies to different things. Sometimes it can directly precede a number and measure word without the presence of a verb. “各” normally does not appear in negative sentences.

下铺是 698 元，上铺是 617 元，各加 5 块钱订票费。

(1) 苹果和香蕉，各来两斤。

(2) 外套和毛衣，我们各买了两件。

(3) 你给这几个邮箱各发一封信。

练一练 PATTERN EXERCISES

用"各"和给出的词语完成句子。

(1) 我们两个人　　照相→请给我们两个人各照一张相。

(2) 几个词　　造句

(3) 今天、明天、后天　　比赛

(4) 北京、上海、广州　　玩儿一个星期

(5) 这三种药　　每天两片儿

你自己的句子：

边记边说 WRITE AND SPEAK

分组总结一下下面几种交通工具的优缺点。

交通工具	优点	缺点
火车		
大巴		
飞机		
自己开车		

分组讨论 GROUP DISCUSSION

讨论中，请尽量使用这节课学过的生词和句式

1. 坐飞机时，要注意些什么？坐火车呢？

2. 在你们国家，长途旅行的时候大家选择最多的交通工具是什么？为什么？

对话练习 CONVERSATION PRACTICE

请分组分角色表演下面的对话

1. 飞机场：A想随身带着自己的包，工作人员B说包超过了规定重量，要托运，可是包里面有相机、笔记本电脑等东西……

可以用到的词语：

手续　根据　规定　随身　托运　说不好　估计

2. A给订票处B打电话，订两张北京到上海的硬卧火车票，最好是中午的车，没有的话，晚上的车也可以。（下面是订票时B看到的火车时刻表）

车次	类型	出发站	开车时间	到达站	到达时间	用时	里程	硬座	软座	硬卧上/中/下	软卧上/下
D311	动车组	北京	20:52	上海	08:40	11小时48分	1463	311	0	0/0/0	617/698
G1	高速动车	北京南	09:00	上海虹桥	13:48	4小时48分	1318	555	935	0/0/0	0/0
G111	高速动车	北京南	09:05	上海虹桥	14:29	5小时24分	1318	555	935	0/0/0	0/0
G13	高速动车	北京南	10:00	上海虹桥	14:55	4小时55分	1318	555	935	0/0/0	0/0
D315	动车组	北京南	08:22	上海虹桥	17:16	8小时54分	1318	410	0	0/0/0	1045/1175
D321	动车组	北京	20:58	上海	08:46	11小时48分	1463	311	389	0/0/0	617/698
G117	高速动车	北京南	10:10	上海虹桥	15:34	5小时24分	1318	555	935	0/0/0	0/0
G145	高速动车	北京南	14:36	上海虹桥	20:06	5小时30分	1318	555	935	0/0/0	0/0
G3	高速动车	北京南	14:00	上海虹桥	18:48	4小时48分	1318	555	935	0/0/0	0/0
1461	空调普快	北京	11:59	上海	07:50	19小时51分	1463	158	0	285/296/306	0/0
G105	高速动车	北京南	08:10	上海虹桥	13:40	5小时30分	1318	555	935	0/0/0	0/0
G125	高速动车	北京南	11:20	上海虹桥	16:50	5小时30分	1318	-	-	-/-/-	-/-

可以参考的句子：

a）请问　18号　的　T31 还有卧铺吗？

b）只要是　晚上　出发、　第二天早上　到就行。

c）麻烦您再查一下，有没有　软卧　？

d）您这里能订　30号的返程　票吗？

e）　硬卧　早卖光了。你不如坐　G15　。

自我总结

SELF SUMMARY

请找出这一课里你觉得最有用的5个句子。

1.

2.

3.

4.

5.

第十二课
Dì shí'èr kè

我们 就 在 网上 联系 好了
Wǒmen jiù zài wǎngshang liánxì hǎole

热身话题
WARMING-UP EXERCISE

1. 你喜欢上网吗？你经常去哪些网站？
2. 在你们国家，现在网上比较流行什么？

词语
VOCABULARY

课文 1

1. 感受	gǎnshòu	名	sensations; feelings
			复杂的～/在中国～最深的是什么？
2. 博客	bókè	名	blog
3. 访问	fǎngwèn	动	visit; access
			～论坛/～中国

4. 网址	wǎngzhǐ	名	web address
5. 留言	liúyán		leave a message 在博客里~/ 电话~/~条
6. 电子相册	diànzǐ xiàngcè		electronic albums
7. 注册	zhù cè		to register ~帐号 /~论坛
8. 更新	gēngxīn	动	to update ~内容 /~网站 / 你常去的网站~快吗？
9. * 本来	běnlái	副	originally; at first
10. 网虫	wǎngchóng	名	web addict; literally a "networm"
11. 论坛	lùntán	名	forum 上~/ 网络~/ 你在网上经常上~吗？
12. 网络	wǎngluò	名	network ~游戏 /~技术 /~世界
13. 浪费	làngfèi	动	to waste ~钱 / 做什么事儿~时间？
14. 戒	jiè	动	give up; stop ~烟 /~网 /~毒
15. 瘾	yǐn	名	addiction 上~/网~

16. 受不了	shòubuliǎo		cannot bear; cannot endure
			~他的态度 / 这种天气我真~。
17. 缺乏	quēfá	动	to lack
			~运动 /~乐趣 /~技术

课文 2

18. 视频	shìpín	名	video
			~聊天 /~网站
19. 加	jiā	动	add
			~为好友 /~上他的名字
20. 泡	pào	动	dawdle; dillydally
			~酒吧 /~网 /~电影院 / 你喜欢~酒吧吗?
21. 夜猫子	yèmāozi		night owl
22. * 总之	zǒngzhī		in a word; in short
23. 保持	bǎochí	动	keep; maintain
			~联系 /~身材 / 你和小学同学还~联系吗?
24. 心想事成	xīnxiǎngshìchéng		all wishes come true

生词检查 CHECK NEW WORDS

从上面课文1、课文2的生词里找出合适的词替换这段文章中画线的部分。替换完以后，读一读，是不是好了很多？

失败的博客

我是一个刚上网几年的新网迷。不久以前，我在网上开了自己
（　　　）
的博客，写一些自己的想法和感觉。刚开始的时候，我很有热情，
（　　　）
博客不断有新内容。我也经常待在网上，成了一个总是熬夜的人。
（　　　）　　　　　　　　　　（　　　）
可是，来看我博客的人很少，也没有几个人在博客上写什么话给我。
（　　　）　　　　　　　　　　（　　　）
渐渐我就没有热情了。现在，我觉得写博客真是白白花掉我的
（　　　）　　　　　　　　　　（　　　）
时间！

课文 TEXT

一

情节：欧文快回国了，他和王之峰聊天。

1. 欧文打算回国后做什么？

王之峰：欧文，这次来中国有什么感受？

欧　文：感受太多了，我打算回去好好儿写写，放在博客上。

王之峰：你有博客呀？我能看看吗？

欧　文：当然，欢迎访问。回头我把博客网址发给你，你可以给我留言。另外，我还有个电子相册，照片我也会放上去。你也有博客吗？

王之峰：我很早以前注册过一个，但是早就不写了，一直没有更新过。平时忙得要命，哪儿有时间写博客啊。其实，本来我也是个网虫，聊天、看论坛还有玩儿网络游戏，样样我都喜欢，就是太浪费时间了，最近我正打算戒网呢。

欧　文：戒网？我可不行，我上网有瘾。这次来中国以前，我就在网上搜了很多资料，要是没网络，我真不知道该怎么办。

王之峰：我的意思也是尽可能地少上网，完全戒网我肯定也受不了。不

2. 之峰有没有博客？经常更新吗？为什么？

3. 欧文愿意不愿意戒网？

4. 之峰为什么要戒网？

过，这两年我老是坐在电脑前，缺乏运动，所以必须得好好儿锻炼锻炼了。

二

情节：山口要回国了，他跟刘明告别。

1. 山口回国以后，他和刘明有几种办法联系？

山　口：明天我就要回国了，谢谢你这个学期对我的帮助。

刘　明：我很高兴对你有帮助。再说，你对我的帮助也很大呀。你有我的邮箱，回国以后有空儿给我写信啊，中文日文都可以。

山　口：好的。我们还可以视频聊天，上次我已经加了你的MSN。

刘　明：行啊，我天天都在网上泡着，你随时可以给我发消息。

山　口：嗯，昨天夜里1点我还见你在

MSN 上呢，真是个夜猫子。

刘　明：没办法，早了睡不着。再说，现在每天不上一会儿网就觉得少了些什么。对了，我的电话号码可能要换，回头我在网上告诉你新号吧。

山　口：我回国以后现在的手机号也不能用了。

刘　明：没关系，我们就在网上联系好了，有时候可能比电话还方便呢。

山　口：好的。总之保持联系，希望咱们大家都能心想事成。

2. 刘明为什么总是熬夜?

句式练习

SENTENCE PATTERN EXERCISES

1. 本来

originally; at first

■ 副词，原先，以前。后一小句经常表示现在或者后来发生了变化。可以用在动词前，也可以用在主语前。

This adverb means "originally; previously." The latter clause often indicates a changed situation at present or later. It can be used either before a verb or before the subject.

本来我也是个网虫。

(1) 本来我不知道，是小王后来告诉我的。

(2) 本来大家关系都很好，可是最近开始有了矛盾。
(3) 这里本来是个电影院，现在成了商场。

练一练 PATTERN EXERCISES

用给出的词和“本来”说句话

	本来的情况	现在的情况或结果	用“本来”的句子
(1)	不喜欢运动	迷上了篮球 →	本来我不喜欢运动，可最近迷上了打篮球。
(2)	身体不错	天天生病	
(3)	非常贵	打六折	
(4)	胡同	很宽的大路	
(5)	想早点回家	飞机晚点	

你自己的句子：

2. 尽可能

as far as possible; to the best of one's ability

■ 表示用最大的可能、最大限度地去做某事。一般做状语。还可以说“尽最大（的）可能”。

It means doing something with the maximum possibility and limits. Normally it serves as an adverbial. One can also say “尽最大（的）可能”.

我的意思也是**尽可能**地少上网，完全戒网我肯定也受不了。
(1) 尽可能早点回来，别玩儿得太晚。
(2) 为了提高我的口语水平，平时我尽可能说中文。
(3) 我尽可能帮你，但是能不能帮到，我也说不好。

练一练 PATTERN EXERCISES

（1）A：我太胖了，怎么办啊？
B：你要尽可能地少吃太油的东西　　　　。

（2）A：你什么时候能写完报告？
B：

（3）A：这个月的生活费不多了。
B：

（4）A：我希望能多去几个地方看看。
B：

（5）A：您不能吃辣的吗？这个菜不放辣椒不好吃。
B：

你自己的句子：

3. 总之

in a word; in short

■ 对上文表示总结，提出概括性的结论。用在小句的最前面。“总之”后面经常有小停顿。
Summarize the preceding text and introduce a general conclusion. It is used at the forefront of the clause. There is usually a pause after “总之”.

总之保持联系，希望咱们大家都能心想事成。

（1）前面说了这么多，总之一句话，要多注意身体。

（2）他一会儿说我不认真，一会儿又说我不爱学习，总之就是对我不满意。

（3）……总之，能取得这样的成绩，离不开大家的帮助。谢谢！

练一练 PATTERN EXERCISES

用“总之”来总结前面的话，完成句子

(1) 今年年初病了一个月，三月没了工作、现在又遇到车祸，总之，太倒霉了。

(2) 这超市牛奶贵，水果也不便宜，连水都比别的地方贵一倍，　　　　　　　　　　　　　　　　　。

(3) 这里附近有超市、地铁站、公交车站、邮局、银行，　　　　。

(4) 说了这么多，就是觉得对不起你，　　　　　　　　　　　　。

(5) 这两天又要做作业又要写报告，还得收拾房间，　　　　　　。

你自己的句子：

边记边说 WRITE AND SPEAK

请分组总结一下下面几种联系方式的优缺点

	优点	缺点
聊天工具（msn 等）		
SNS（facebook 等）		
Email		
电话		
短信		
邮局寄信		

分组讨论 GROUP DISCUSSION

讨论中，请尽量使用这节课学过的生词和句式

1. 如果没有网络，你的生活会发生哪些变化？

2. 你觉得网友和普通朋友有什么不一样？你会不会和网友见面？

3. 说说你来中国的感受。

对话练习 CONVERSATION PRACTICE

请分组分角色表演下面的对话

1. 妻子发现丈夫迷上了上网，天天下班回来什么也不做，就坐在电脑前面，她决定和丈夫谈一谈……

可以用到的词语：

网虫　论坛　网络游戏　浪费　戒　受不了　缺乏　总之

2. 第一部分：你要回国了，所以和你的好朋友见面告别。你要感谢朋友的帮助，还要互相留下联系方式。——第二部分：回国以后，你第一次和你在中国的朋友上网聊天。你应该说说自己回国的感受，同时还要问一问你的朋友最近的情况，并请你的朋友访问你的博客。（可以看看课文 2，里面有很多告别的话。）

成段表达
EXPRESSION IN PARAGRAPHS

请在一个送别晚会上代表全班同学说一段话

内容包括：

(1) 表示感谢

(2) 回忆一下这段时间的生活

(3) 表示再见面的希望

自我总结
SELF SUMMARY

请找出这一课里你觉得最有用的5个句子。

1.

2.

3.

4.

5.

词语总表

Vocabulary

A			
挨	āi	动	11
熬夜	áo yè		7
B			
包（车）	bāo（chē）	动	6
包厢	bāoxiāng	名	11
保持	bǎochí	动	12
报告	bàogào	名	7
报名	bào míng		10
抱歉	bàoqiàn	形	1
* 本来	běnlái	副	12
～表	biǎo	名	7
毕业	bì yè		1
博客	bókè	名	12
博士	bóshì	名	1
补	bǔ	动	5
补习班	bǔxíbān	名	9
不好意思	bù hǎoyìsi		1
* 不如	bùrú	连	4
C			
菜单	càidān	名	3
草坪	cǎopíng	名	10
差	chà	动	1
差不多	chàbuduō		2
超过	chāoguò	动	2
超市	chāoshì	名	2
吵	chǎo	形	1
炒菜	chǎocài	名	3
陈列	chénliè	动	10
出色	chūsè	形	7
传统	chuántǒng	形	8
从中	cóngzhōng	副	10
促销	cùxiāo	动	2
D			
～单	～dān	名	6
* 多亏	duōkuī	连	7
待	dāi	动	9
代表	dàibiǎo	动	8
担心	dān xīn		5
导购	dǎogòu	名	2
导游	dǎoyóu	名	6
倒（车）	dǎo	动	4
倒霉	dǎo méi	形	11
得（病）	dé（bìng）	动	5
地铁	dìtiě	名	2
电视剧	diànshìjù	名	7

电子相册	diànzǐ xiàngcè		12
店员	diànyuán	名	8
掉头	diào tóu		4
订	dìng	动	3
定做	dìngzuò	动	8
动车	dòngchē	名	11
独生子女	dúshēng zǐnǚ		9
堵车	dǔ chē		1
度	dù	量	5

F

发愁	fā chóu		7
返程票	fǎnchéngpiào		11
访问	fǎngwèn	动	12
放心	fàng xīn		2

G

* 干脆	gāncuì	副	6
* 各	gè	副	11
* 根据	gēnjù	动	11
赶	gǎn	动	4
感受	gǎnshòu	名	12
各位	gèwèi	名	1
更新	gēngxīn	动	12
工艺品	gōngyìpǐn	名	8
功夫	gōngfu	名	10
恭喜	gōngxǐ	动	9
估计	gūjì	动	4
古老	gǔlǎo	形	10
顾	gù	动	9
拐	guǎi	动	4
关于	guānyú	介	7
光临	guānglín	动	3
规定	guīdìng	名	11

H

～环	～huán	名	4
* 好像	hǎoxiàng	副	4
* 回头	huítóu	副	5
号	hào	名	8
合（住）	hé（zhù）	动	2
合算	hésuàn	形	6
红绿灯	hónglǜdēng	名	4
胡同	hútòng	名	4
壶	hú	量	3
糊涂	hútu	形	4
户外	hùwài	名	6
婚礼	hūnlǐ	名	9
火	huǒ	形	3
火锅	huǒguō	名	3

J

* 尽管	jǐnguǎn	副	4
激烈	jīliè	形	9
吉祥	jíxiáng	形	8
急性	jíxìng	名	5
寂寞	jìmò	形	9
加	jiā	动	12
价	jià	名	4
价钱	jiàqián	名	2
假条	jiàtiáo	名	5
简化	jiǎnhuà	形	10
建议	jiànyì	动、名	7
降落	jiàngluò	动	11
交通	jiāotōng	名	2
结婚	jié hūn		9

截止	jiézhǐ	动	7
戒	jiè	动	12
尽量	jǐnliàng	副	2
尽早	jǐnzǎo	副	2
进步	jìnbù	动 / 名	7
进修	jìnxiū	动	1
精品	jīngpǐn	名	10
精致	jīngzhì	形	8
景点	jǐngdiǎn	名	6
景观	jǐngguān	名	6
竞争	jìngzhēng	名	9
酒吧	jiǔbā	名	3
距离	jùlí	名	10
诀窍	juéqiào	名	7
K			
咖啡馆	kāfēiguǎn		1
开头	kāitóu	名	7
开玩笑	kāi wánxiào		1
开夜车	kāi yèchē		7
靠边儿	kào biānr		4
课程	kèchéng	名	6
快餐	kuàicān	名	3
款式	kuǎnshì	名	8
L			
拉肚子	lā dùzi		5
辣	là	形	3
辣椒	làjiāo	名	3
来不及	láibují		3
来回	láihuí	动	6
浪费	làngfèi	动	12
老板	lǎobǎn	名	1
老年	lǎonián	名	9
老太太	lǎotàitai	名	9
厉害	lìhai	形	5
立交桥	lìjiāoqiáo	名	4
脸谱	liǎnpǔ	名	8
量	liáng	动	5
聊	liáo	动	1
另外	lìngwài	连	3
留言	liúyán		12
流行	liúxíng	形	8
录取	lùqǔ	动	9
路上	lùshang	名	1
路线	lùxiàn	名	6
驴	lǘ	名	6
旅行社	lǚxíngshè	名	6
论坛	lùntán	名	12
M			
～迷	~mí	名	1
* 没想到	méi xiǎngdào		3
免费	miǎn fèi		10
苗条	miáotiao	形	8
名片	míngpiàn	名	1
名气	míngqì	名	6
N			
拿手	náshǒu	形	1
内涵	nèihán	名	10
溺爱	nì'ài	动	9
P			
排	pái	名	2
泡	pào	动	12
陪	péi	动	9

培养	péiyǎng	动	9

Q

* 其实	qíshí	副	10
旗袍	qípáo	名	8
起步	qǐbù	动	4
起飞	qǐfēi	动	11
切磋	qiēcuō	动	1
亲眼	qīnyǎn	副	10
清单	qīngdān	名	7
请教	qǐngjiào	动	4
取	qǔ	动	5
缺（课）	quē（kè）	动	5
缺乏	quēfá	动	12

R

～日游	～rì yóu		6
绕	rào	动	4
人文	rénwén	名	6
软卧	ruǎnwò	名	11

S

* 顺便	shùnbiàn	副	2
* 说不好	shuōbuhǎo		11
散	sàn	动	11
商量	shāngliang	动	7
上班	shàng bān		4
稍	shāo	副	10
身材	shēncái	名	8
省心	shěng xīn		6
试衣间	shìyījiān		8
视频	shìpín	名	12
适合	shìhé	动	10
收银台	shōuyíntái	名	2
手工	shǒugōng		8
手机	shǒujī	名	1
手续	shǒuxù	名	11
受不了	shòubuliǎo		12
说明书	shuōmíngshū	名	5
搜	sōu	动	7
算了	suànle		6
随身	suíshēn	形	11

T

太极拳	tàijíquán	名	10
特价	tèjià	动	2
特色	tèsè	名	3
提纲	tígāng	名	7
提供	tígōng	动	6
提前	tíqián	动	3
体温	tǐwēn	名	5
替	tì	介	3
天才	tiāncái	名	9
天气预报	tiānqì yùbào		11
天桥	tiānqiáo	名	4
吐	tù	动	5
推荐	tuījiàn	动	3
退休	tuìxiū	动	9
托运	tuōyùn	动	11

W

* 无所谓	wúsuǒwèi	动	10
外套	wàitào	名	8
晚点	wǎn diǎn		11
网	wǎng	名	7
网虫	wǎngchóng	名	12
网络	wǎngluò	名	2

网络	wǎngluò	名	12
网址	wǎngzhǐ	名	12
旺季	wàngjì	名	11
位置	wèizhi	名	10
胃	wèi	名	5
文物	wénwù	名	10
卧铺	wòpù	名	11

X

西餐厅	xīcāntīng		4
下铺	xiàpù	名	11
（上铺）	（shàngpù）		
鲜艳	xiānyàn	形	8
闲	xián	形	9
小区	xiǎoqū	名	2
心想事成	xīnxiǎngshìchéng		12
行程	xíngchéng	名	6

Y

（开）药方	（kāi）yàofāng	名	5
～炎	~yán		5
严格	yángé	形	9
严重	yánzhòng	形	5
演出	yǎnchū	名	10
养（病）	yǎng（bìng）	动	5
夜猫子	yèmāozi		12
* 要不	yàobù	连	3
* 要命	yào mìng		3
* 尤其	yóuqí	副	5
遗憾	yíhàn	形	10
音像	yīnxiàng	名	7
瘾	yǐn	名	12
硬卧	yìngwò	名	11
硬座	yìngzuò	名	11
邮箱	yóuxiāng	名	7
有线电视	yǒuxiàn diànshì		2
右手	yòushǒu	名	4
约	yuē	动	1

Z

（考）砸	zá	动	7
～折	~zhé		8
* 正好	zhènghǎo	副、形	7
* 值得	zhídé	动	10
* 总之	zǒngzhī		12
杂技	zájì	名	10
珍贵	zhēnguì	形	10
整天	zhěngtiān	名	9
正宗	zhèngzōng	形	3
直达	zhídá	动	4
制作	zhìzuò	动	8
质量	zhìliàng	名	2
中国画	zhōngguóhuà	名	10
中国结	zhōngguójié		8
中介	zhōngjiè	名	2
重点学校	zhòngdiǎn xuéxiào		9
周末	zhōumò	名	1
住院	zhùyuàn		5
注册	zhù cè		12
著名	zhùmíng	形	6
抓紧	zhuājǐn	动	7
专卖店	zhuānmàidiàn		8
转交	zhuǎnjiāo	动	5
装饰	zhuāngshì	动	3
准时	zhǔnshí	形	10

咨询	zīxún	动	6
资料	zīliào	名	7
自我介绍	zìwǒ jièshào		1
自助	zìzhù	动	6
字幕	zìmù	名	7
总经理	zǒngjīnglǐ		1
租	zū	动	2
做工	zuògōng	名	8

专有名词 Proper nouns

B		
北京烤鸭	Běijīng kǎoyā	3
C		
陈氏太极拳	Chénshì Tàijíquán	10
川菜（菜名）	Chuāncài	3
G		
桂林	Guìlín	6
H		
黄山	Huáng Shān	6
J		
金江饭店	Jīnjiāng fàndiàn	4
菊花茶	júhuāchá	3
K		
肯德基	Kěndéjī	3
Q		
全聚德	Quánjùdé	3
S		
三峡	Sānxiá	6
水煮鱼	shuǐzhǔyú	3
四川	Sìchuān	3
T		
天博大厦	Tiānbó Dàshà	4
Y		
云南	Yúnnán	6
Z		
中山路	Zhōngshān Lù	4

注　释

M		
买二送一	mǎi èr sòng yī	2
Y		
一居 / 两居 / 三居	yījū/liǎngjū/sānjū	2